DAS DEUTSCH-FRANZÖSISCHE KOCHBUCH

LE LIVRE DE LA CUISINE FRANCO-ALLEMANDE

Ausgewählte typische Rezepte aus
Deutschland und Frankreich

*Un choix de recettes typiques
d'Allemagne et de France*

Driss Nasser, Edith Nasser

Das deutsch-französische Kochbuch
Le livre de la cuisine franco-allemande
Ausgabe 2011 / *Edition 2011*

Redaktion, Übersetzung, grafische Gestaltung /
Rédaction, traduction, mise en page : Driss Nasser

Überarbeitung der Rezepte / *Révision des recettes :* Edith Nasser

Druck-Version (Print On Demand), bestellbar bei / *Version imprimée (impression sur demande à l'exemplaire) à commander chez* : **www.lulu.com**

ISBN: 979-10-90102-02-6

Dépôt légal : Février 2011. **Indicatif autoéditeur** : 979-10-90102

Imprimé aux USA

Gibt es auch als Download-Version, bestellbar bei / *Existe aussi en version à télécharger, à commander chez* : **www.lulu.com**

Rezepte aus Deutschland
Recettes allemandes

INHALTSVERZEICHNIS • TABLE DES MATIÈRES

SUPPEN
SOUPES

SALATE
SALADES

FLEISCHGERICHTE
VIANDES

GEMÜSE
LÉGUMES

SÜSSSPEISEN
DESSERTS

0,5 l Bier, hell oder dunkel
Sahne süß
2 EL Zucker
ungespritzte Zitronenschale
30 g Butter
1 EL Mehl
1 Eigelb
Salz, Zimt

Biersuppe

Das Bier mit dem Zucker, etwas Zimt, einem Stückchen Zitronenschale und Salz aufkochen und abschäumen.
Zwischendurch eine helle Mehlschwitze mit der Butter herstellen, den Biersud nach und nach zugießen, nochmals alles gut aufkochen lassen.

Vor dem Servieren Eigelb und Sahne darunter rühren.

0,5 litre de bière blonde ou brune
crème fleurette
2 c. à soupe de sucre
zeste de citron (non traité)
30 g de beurre
1 c. à soupe de farine
1 jaune d'œuf
sel, cannelle

Soupe à la bière

Faire bouillir la bière et le sucre, un peu de cannelle, le zeste de citron et du sel. Ecumer.
Entre-temps préparer une sauce blanche avec le beurre.
Ajouter peu à peu cette sauce au mélange.
Refaire bouillir le tout.

Avant de servir, lier avec le jaune d'œuf et la crème.

60 g Butter
1 Eigelb
1 Ei
1/2 TL Weizengrieß
1/2 TL Mehl
50 g trockenes Weißbrot ohne Rinde
Salz
Muskat
1,5 l Fleischbrühe

Kochen Sie zuerst ein Probenockerl. Falls die Masse zu weich oder zu fest ist, geben Sie etwas Grieß oder Ei dazu.

Butternockerl

Butter schaumig rühren. Ei und Eigelb nach und nach einrühren.

Grieß, Mehl und das zu Bröseln geriebene Weißbrot unter die Buttermasse rühren. Mit Salz und Muskat würzen. Die Masse 15 Minuten ziehen lassen.

In einem Topf 1,5 l Fleischbrühe aufkochen. Mit einem nassen Teelöffel Nockerl abstechen und in die Brühe gleiten lassen.

Etwa 10 Minuten köcheln, bei kleiner Hitze ziehen lassen, bis sie an die Oberfläche steigen, dann sind sie gar.

60 g de beurre
1 jaune d'œuf et un œuf entier
1 demie c. à café de semoule
1 demie c. à café de farine
50 g de pain de mie sec
sel
muscade
1,5 litre de bouillon de viande

Faire d'abord un essai avec une quenelle. Si la pâte est trop molle, ajouter un peu de semoule; si elle est trop consistante, un peu plus d'œuf.

Quenelles au beurre

Battre le beurre jusqu'à ce qu'il devienne mousseux, rajouter le jaune d'œuf et l'œuf entier peu à peu.
Mélanger la semoule, la farine et le pain écrasé en chapelure dans cette masse. Assaisonner avec du sel et de la muscade. Laisser reposer 15 minutes.
Chauffer dans une marmite 1,5 litre de bouillon de viande.
Former à l'aide d'une cuillère à café trempée dans de l'eau froide des petites quenelles et les laisser glisser dans le bouillon.
Faire ensuite mijoter pendant 10 minutes à petit feu.
Quand les quenelles remontent à la surface, elles sont cuites.

50 g Butter
1 Ei
60 g Grieß
Salz
Muskat
1,5 l Fleischbrühe

Grießnockerlsuppe

Butter rühren, bis sie schaumig und hell geworden ist. Ei und Grieß unterrühren. Mit Salz und Muskat würzen und 15 Minuten quellen lassen.

Fleischbrühe aufkochen. Mit einem nassen Teelöffel Nockerl abstechen und in die kochende Brühe geben. Die Nockerl 2 Minuten kochen und etwa 10 Minuten ziehen lassen.

Kochen Sie zuerst ein Probenockerl. Falls die Masse zu weich oder zu fest ist, geben Sie etwas Grieß oder Ei dazu.

Damit Grießnockerl innen locker werden, muss man sie bei kleiner Hitze quellen lassen.

50 g de beurre
1 œuf
60 g à soupe de semoule
sel
muscade
1,5 litre de bouillon de viande

Potage aux quenelles de semoule

Battre le beurre jusqu'à ce qu'il devienne mousseux et clair. Y mélanger l'œuf et la semoule. Assaisonner avec le sel et la muscade, et laisser gonfler 15 minutes.

Chauffer le bouillon. Former à l'aide d'une cuillère à café trempée dans de l'eau froide des quenelles et les laisser glisser dans le bouillon. Cuire 2 Minutes à feu vif et 10 autres minutes à feu éteint.

Faire d'abord un essai avec une quenelle. Si la pâte est trop molle, ajouter un peu de semoule; si elle est trop consistante, un peu plus d'œuf.

Pour que les quenelles de semoule soient bien aérées à l'intérieur, on doit les laisser un certain temps dans l'eau de cuisson à feu éteint.

300 g Rinderfilet
200 g Zwiebeln, fein gewürfelt
2 EL Tomatenmark
1 EL Rosenpaprika
1 EL Paprika edelsüß
1 Gewürzgurke
1 Liter Fleischbrühe
Öl

Die Suppe kann auch einen Tag vorher zubereitet werden. Zum Servieren nur kurz erhitzen. Sie gewinnt sogar an Geschmack.

Gulaschsuppe

Zwiebeln im Öl dünsten, Fleischbrühe dazugeben und weiterkochen lassen. Das Fleisch in kleine Stücke schneiden, in der Pfanne kurz anbraten und in die Suppe geben.

Bratenfond mit etwas Suppe ablöschen, Tomatenmark, Paprika und zuletzt die klein geschnittene Gurke einrühren und ebenfalls in die Suppe geben.

300 g de filet de bœuf
200 d'oignons hachés finement
2 c. à soupe de concentré de tomate
1 c. à soupe de paprika fort
1 c. à soupe de paprika doux
1 cornichon
1 litre de bouillon de viande
huile

Cette soupe peut tout aussi bien être préparée un jour avant. Au moment de la servir, il suffit alors de la réchauffer. Elle gagne en goût.

Soupe hongroise « goulasch »

Faire revenir les oignons dans un peu d'huile, ajouter le bouillon et continuer la cuisson. Couper la viande en petits dés, faire dorer ceux-ci dans une poêle et ajouter ensuite à la soupe.

Verser un peu de bouillon sur le fond de viande, puis incorporer à ce mélange le concentré de tomate et beaucoup de paprika et, en dernier, le cornichon haché en tout petits morceaux, et ajouter à la soupe.

100 g Rinderleber
40 g Butter
2 - 4 EL Mehl
2 EL Brösel
1 EL Zwiebel fein gehackt
1 Ei
1 EL Petersilie
etwas Majoran
Salz
Pfeffer aus der Mühle
klare Rinderbrühe
Schnittlauch

Die Masse darf nicht zu weich und nicht zu fest sein. Bei Bedarf Mehl oder Ei zugeben.

Lebernockerlsuppe

Die Leber waschen und die Sehnen entfernen. Im Mixer oder mit dem Pürierstab zerkleinern. Die Butter schaumig rühren, Mehl, Brösel und Ei darunterrühren. Gehackte Zwiebel in Öl glasig dünsten und abkühlen lassen. Die Leber mit allen Zutaten mischen und mit Salz und Pfeffer würzen.

In einem Topf Salzwasser aufkochen, die Hitze reduzieren. Einen Kaffeelöffel in kaltes Wasser tauchen und Nockerl von der Masse abstechen und in das siedende Wasser gleiten lassen. Wenn sie an die Oberfläche steigen, ein Nockerl rausnehmen und prüfen, ob es gar ist.

In einer klaren Rinderbrühe servieren, mit Schnittlauch bestreuen.

100 g de foie de bœuf
40 g de beurre
2 à 4 c. à soupe de farine
2 c. à soupe de chapelure
1 c. à soupe de d'oignon haché finement
1 œuf
1 c. à soupe de persil haché
un peu de marjolaine
sel
poivre du moulin
Bouillon clair de viande de bœuf
ciboulette

La pâte ne doit être ni trop molle, ni trop épaisse. Ajouter si nécessaire soit de la farine, soit de l'œuf.

Soupe aux « Lebernockerl »

Les « Lebernockerl » sont des tout petits morceaux de foie (passé au mixeur) préparés comme des quenelles.

Laver le foie, en enlever les tendons. Le réduire en purée dans un mixeur ou à l'aide d'un appareil approprié. Battre le beurre en mousse, y ajouter la farine, la chapelure et l'œuf. Faire revenir ensuite l'oignon dans de l'huile et le laisser refroidir. Mélanger le foie aux autres ingrédients, saler, poivrer.
Porter à ébullition de l'eau salée dans une marmite, réduire ensuite le feu. A l'aide d'une cuillère à café trempée dans de l'eau froide, prélever dans la masse de foie des petites quenelles et les glisser dans l'eau bouillante. Quant les quenelles remontent à la surface, essayer sur une quenelle, si elle est bien cuite.
Servir les quenelles dans un bouillon de viande de bœuf clair chaud. Saupoudrer de ciboulette.

40 g Butter
50 g Mehl
1 TL Backpulver
1 Eigelb
1 Eiweiß
2 EL Milch
Salz
Muskat
klare Fleischbrühe

Schöberlsuppe

Butter schaumig rühren, bis sie hell wird. Eigelb unterrühren und mit Salz und Muskat würzen. Mehl mit Backpulver mischen. Erst die Milch, dann das Mehl einrühren. Eiweiß zu steifem Schnee schlagen und unter die Masse heben. Backblech mit Backpapier auslegen und den Teig ca. 1 cm dick aufstreichen. Im vorgeheizten Backofen, bei 180° C, auf mittlerer Schiene 20 - 25 Minuten goldgelb backen.

Kleine quadratische Würfel schneiden. Beim Servieren die heiße, klare Fleischbrühe darüber gießen.

Wenn man den Teig vor dem Backen mit sehr mageren Speck- oder Schinkenwürfeln und geriebenem Emmentaler bestreut, schmeckt die Suppe besonders lecker.

Die gebackene Masse kann einige Tage im Kühlschrank aufbewahrt werden.

---

40 g de beurre
50 g de farine
1 c. à café de levure boulangère
1 jaune d'œuf
1 blanc d'œuf
2 c. à soupe de lait
sel
muscade
bouillon de viande clair

Soupe aux carrés de nouilles

Faire tourner le beurre en mousse jusqu'à ce qu'il devienne clair, ajouter le jaune d'œuf, du sel et de la muscade. Mélanger la farine et la levure. Ajouter d'abord le lait au beurre, puis la farine, et en dernier le blanc d'œuf battu en neige. Etaler la pâte (épaisseur 1 cm) sur un plateau allant au four. Préchauffer le four à 180° C, poser le plateau sur les rails du milieu et laisser cuire 20 à 25 minutes. Couper, après la cuisson, la pâte en petits carrés.

Verser du bouillon chaud sur les carrés de pâte au moment de les servir.

Si vous saupoudrez la pâte, avant la cuisson, de morceaux de maigre de lard ou de jambon et de fromage, la soupe sera encore plus succulente.

La pâte peut se conserver quelques jours dans le réfrigérateur.

3 - 4 Stangen Chicorée

Marinade:
1 gekochtes Eigelb
3 - 4 EL Öl
3 - 4 EL Tomatenketchup
Zitronensaft
Salz
1 gekochtes, gehacktes Eiweiß

Chicorée-Salat

Eigelb, Öl, Ketchup, Zitronensaft und Salz mit einem Rührstab gut vermischen, danach das gehackte Eiweiß unterheben.

Den Chicorée spalten, den festen Strunk herausnehmen, unter fließendem Wasser waschen, nicht auflösen.

Den Chicorée auf eine flache Platte legen und mit der Marinade übergießen.

3 à 4 endives

Pour la sauce:
1 jaune d'œuf cuit
3 à 4 c. à soupe d'huile
3 à 4 c. à soupe de ketchup
jus de citron
sel
1 blanc d'œuf cuit écrasé

Salade d'endives

Mélanger en battant bien l'huile, le ketchup, le jus de citron et le sel, ajouter le blanc d'œuf cuit écrasé.

Couper les endives en deux dans le sens de la longueur et enlever les trognons. Laver à l'eau courante sans laisser les endives se défaire. Mettre dans un plat et arroser avec la sauce.

Käsesalat

125 g Käse (Gouda oder Emmentaler)
125 g gekochter Schinken
250 g säuerliche Äpfel
Saft einer halben Zitrone
1 Prise Zucker
1 - 2 EL Öl
Majonäse
Schnittlauch

Käse, Schinken und geschälte, entkernte Äpfel in kleine Stifte schneiden. Mit Zitrone, Zucker und Öl eine Marinade rühren und unter die Zutaten mischen, dann die Majonäse unterrühren, klein geschnittenen Schnittlauch darüber streuen.

Salade au fromage

125 g de fromage (Gouda ou Emmental)
125 g de jambon cuit
250 g de pommes acidulées
jus d'un citron
1 pincée de sucre
1 à 2 c. à soupe d'huile
mayonnaise
ciboulette

Couper le fromage, le jambon et les pommes pelées et épépinées en petits bâtonnets. Battre une sauce avec le jus de citron, le sucre et l'huile. Ajouter cette sauce aux bâtonnets et la mayonnaise en dernier lieu.

Saupoudrer de ciboulette hachée.

Obatzter mit Camembert

250 g reifer Camembert
75 g streichfähige Butter
1 kleine, sehr fein gehackte Zwiebel
Paprika
Pfeffer
Salz
Kümmel
Schnittlauch

Den Käse mit einer Gabel zerdrücken und mit Butter, Zwiebel, Paprika, Pfeffer und Salz gut vermischen.

Mit gemahlenem Kümmel und/oder Schnittlauch bestreuen.

Er schmeckt am besten auf frischen Brezeln.

« Obatzter » au Camembert

250 g de camembert bien fait
75 g de beurre ramolli
1 petit oignon finement haché
paprika
poivre
sel
cumin
ciboulette

Ecraser le fromage avec une fourchette et le mélanger au beurre. Rajouter le paprika, le poivre et le sel pour obtenir une masse bien homogène. Affiner avec du cumin moulu et/ou de la ciboulette.

Il est particulièrement délicieux lorsqu'on le sert avec des « bretzen ».

300 g Kartoffeln (festkochende Sorte)
1 Zwiebel
2 EL Weißweinessig
2 EL Öl
Salz und Zucker, je eine Prise
1 Tasse Fleischbrühe
Pfeffer
Schnittlauch

Kartoffelsalat

Kartoffeln kochen, schälen, noch warm in dünne Scheiben schneiden, fein geschnittene Zwiebelringe unterheben.

Die heiße Brühe mit Salz, Zucker und Essig abschmecken und mit dem Öl unter die warmen Kartoffeln mischen.

Mit Pfeffer und feingeschnittenem Schnittlauch verfeinern.

Dieser Kartoffelsalat wird gern als Beilage zu Schnitzel, Kotelett, warmen Würsten, hart gekochten Eiern u.ä. serviert.

300 g de pommes de terre
1 oignon
2 c. à soupe de vinaigre de vin blanc
2 c. à soupe d'huile
pincées de sel et de sucre
1 tasse de bouillon de viande
poivre
ciboulette

Salade de pommes de terre

Faire cuire les pommes de terre et les couper, encore chaudes, en fines rondelles. Y ajouter l'oignon haché finement. Saler, ajouter le sucre et le vinaigre, affiner avec l'huile, verser sur les rondelles de pommes de terre.

Servir avec du poivre du moulin et de la ciboulette hachée.

Cette salade accompagne bien escalopes, côtelettes, saucisses chaudes ou œufs durs et autres mets principaux.

1 kg Kartoffeln (festkochende Sorte, z.B. Sieglinde)
80 g magerer Speck
1 Zwiebel
0,5 l Brühe
4 EL Öl
3 EL Weißweinessig
1 Gewürzgurke
1 Bund Schnittlauch
Salz
Pfeffer

Kartoffelsalat bayerische Art

Kartoffeln in Salzwasser kochen. Abgießen, mit kaltem Wasser abschrecken, schälen und in feine Scheiben schneiden.

Speck anbraten und Zwiebelwürfel darin glasig dünsten. Über die Kartoffelscheiben geben.
Die heiße Brühe, mit Salz, Essig, Öl und Pfeffer zu den Kartoffeln geben und vorsichtig mischen.
Die gewürfelte Gurke und den fein geschnittenen Schnittlauch unterheben. Bei Bedarf mit Salz und Pfeffer nachwürzen.

1 kg de pommes de terre (de chair ferme)
80 g de lard maigre
1 oignon
0,5 litre de bouillon
4 c. à soupe d'huile
3 c. à soupe de vinaigre de vin blanc
1 cornichon
1 petit bouquet de ciboulette
sel
poivre

Salade à la bavaroise

Cuire les pommes de terre dans de l'eau salée. Après la cuisson, jeter l'eau chaude et verser de l'eau froide sur les pommes de terre. Les éplucher et les couper en rondelles fines.

Faire revenir le lard maigre avec l'oignon haché. Le verser sur les rondelles de pommes de terre. Arroser ensuite de bouillon chaud, ajouter le sel, le vinaigre, l'huile et le poivre et mélanger avec précaution.

Ajouter des morceaux de cornichon et la ciboulette hachée finement.

Ajuster un assaisonnement à votre goût avec du sel et du poivre.

300 g gekochtes mageres Rindfleisch
1 großer Apfel (ungespritzt)
5 gekochte Karotten
2 Gewürzgurken
100 g Staudensellerie
100 g Majonäse
3 EL Sahne
Pfeffer aus der Mühle
1 Bund Schnittlauch

Konstanzer Salat

Das Fleisch, die Karotten und den ungeschälten aber entkernten Apfel klein würfeln. Den Sellerie waschen, schälen und in sehr dünne Scheiben schneiden. Die Gurken klein würfeln. Majonäse und Sahne verrühren, mit Pfeffer würzen. Die vorbereiteten Zutaten untermischen. Den Schnittlauch klein schneiden und die Hälfte unter den Salat mischen. Mit dem Rest den Salat garnieren.

300 g de viande de bœuf maigre cuite
1 grande pomme (non traitée)
5 carottes cuites
2 cornichons
100 g de céleri en branches
100 g de Mayonnaise
3 c. à soupe de crème
poivre du moulin
1 petit paquet de ciboulette

Salade de Constance

Couper en dés la viande cuite, les carottes et la pomme non épluchée. Nettoyer le céleri et le libérer de ses fils, le couper en tranches très fines. Couper les cornichons, les mêler aux autres ingrédients.

Battre un peu la mayonnaise et la crème, assaisonner avec du poivre et verser sur le tout, saupoudrer de la moitié de la ciboulette. Bien mélanger.

Garnir la salade avec le reste de ciboulette.

Räubersalat

2 hartgekochte Eier
4 - 8 gekochte Kartoffeln
2 - 4 Tomaten
2 - 3 Frankfurter Würste
150 g Emmentaler Käse
2 - 4 Essiggurken
Essig
Öl
Salz
Pfeffer
Majonäse
Schnittlauch oder Petersilie

Eier, Tomaten und Kartoffeln schälen, in Scheiben schneiden. Die Würste, den Käse und die Essiggurken in Streifen schneiden und alles in einer Schüssel locker mischen. Mit einer Sauce aus Öl, Essig, Salz und Pfeffer marinieren. Zuletzt mit Majonäse vermischen und mit gehackter Petersilie oder Schnittlauch garnieren.

Salade « pirate »

2 œufs durs
4 à 8 pommes de terre cuites
2 à 4 tomates
2 à 3 saucisses de francfort
150 g de fromage Emmental
2 à 4 cornichons
vinaigre
huile
sel
poivre
mayonnaise
ciboulette ou persil

Eplucher les œufs durs, les tomates et les pommes de terre, couper en rondelles. Trancher les saucisses, le fromage et les cornichons en lamelles, verser le tout dans une saladière, mélanger doucement. Mariner dans une sauce composée d'huile, de vinaigre, de sel et de poivre.
Ajouter la mayonnaise en dernier et décorer de ciboulette ou de persil hachés.

Sauerkrautsalat

250 g Sauerkraut
0,25 l Weißwein
1 Prise Kümmel
1 Apfel (säuerlich)
10 g Butter
1 Prise Zucker
1/8 Sellerieknolle, in Stückchen gekocht
1 kleine Dose Ananas
50 g Walnusskerne
0,5 l saure Sahne
Zitrone
Salz
Zucker

Sauerkraut in Butter kurz andünsten, geschälten, entkernten und geriebenen Apfel, Zucker und ein viertel Liter Weißwein zufügen, 8 - 10 Minuten kochen und in einem Sieb abtropfen und auskühlen lassen.

Die Ananasscheiben klein schneiden, die Walnüsse grob hacken, mit dem Kraut und dem Sellerie mischen, mit Zitrone, Salz und Zucker abschmecken und unter die geschlagene saure Sahne ziehen.

Choucroute en salade

250 g de choucroute
0,25 litre de vin blanc
1 pincée de cumin
1 pomme relativement acide
10 g de beurre
1 pincée de sucre
1 morceau de céleri, coupé en dés et cuit
1 petite boîte d'ananas
50 g de noix
0,5 litre de crème fraîche
jus de citron
sucre
sel

Faire revenir courtement la choucroute dans le beurre. Eplucher la pomme, en enlever le cœur et la râper. L'ajouter avec le sucre ainsi qu'un quart de vin blanc à la choucroute et laisser cuire pendant environ 10 minutes. Egoutter dans une passoire après la cuisson et laisser refroidir. Couper les tranches d'ananas en petits morceaux, concasser les noix, couper le céleri et mélanger le tout. Affiner avec du jus de citron et du sucre. Terminer en incorporant la crème fouettée.

1 kg Spargel
2 EL Butter
3 EL Sahne
Zucker
1 TL Zitronensaft
Essig
Öl
Salz
Schnittlauch

Spargelsalat, warm

Spargel mit einem Sparschäler vom Kopf abwärts schälen, die Enden abschneiden. Die Spargelstangen in 3 - 4 Stücke schneiden. Salzwasser mit Butter, Sahne, Zitronensaft und Zucker aufkochen und die Spargelstücke 8 - 10 Minuten darin garen.

Essig, Öl, Salz und etwas Spargelbrühe im Mixer zu einer Vinaigrette verrühren. Den Spargel aus der Brühe nehmen und auf einer warmen Platte anrichten, mit der Vinaigrette begießen und mit feingeschnittenem Schnittlauch bestreut servieren.

1 kg d'asperges
2 c. à soupe de beurre
3 c. à soupe de crème
1 c. à soupe de jus de citron
vinaigre
huile
sel
sucre
ciboulette

Asperges chaudes en salade

Eplucher les asperges de la tête vers la tige, éliminer la partie basse.

Couper le reste des asperges en 3 ou 4 morceaux, les cuire 8 à 10 minutes dans de l'eau salée, à laquelle vous aurez ajouté le beurre, la crème, le jus de citron et le sucre.

Préparer une vinaigrette dans un mixeur avec le vinaigre, l'huile, le sel et un peu de jus de cuisson des asperges.

Servir celles-ci sur un plat approprié préchauffé, arroser de vinaigrette et saupoudrer de ciboulette hachée finement.

Tomaten-Eier-Salat

4 - 5 Fleischtomaten
4 - 5 hartgekochte Eier

Für die Sauce:
2 hartgekochte Eier
1 EL Kapern
2 EL Petersilie
1/2 TL Sardellenpaste
1/4 TL Zucker
1 Tasse Majonäse

Die Tomaten waschen, schälen und in Scheiben schneiden. Die hartgekochten, abgekühlten Eier schälen und nach Belieben schneiden. Die Tomaten und die Eier lagenweise in eine Schüssel geben.

Sauce:
Die Eier in kleine Stücke schneiden und mit allen übrigen Zutaten gut durchmischen.

Die Sauce über den Salat geben und etwas ziehen lassen.

Salade de tomates aux œufs

4 - 5 tomates
4 - 5 œufs durs

Pour la sauce:
2 œufs durs
1 c. à soupe de câpres
2 c. à soupe de persil
1/2 c. à soupe de crème d'anchois
1/4 c. à soupe de sucre
1 tasse de mayonnaise

Laver les tomates, les peler et les épépiner, puis les couper en rondelles. Couper les œufs en morceaux. Mettre les tomates et les œufs par couches successives dans un saladier.

Préparation de la sauce:
Couper les œufs durs en petits morceaux, ajouter les autres ingrédients.

Mélanger, puis verser sur la salade et laisser reposer un peu.

Weißkrautsalat mit Speck

1 kleiner Kopf Weißkraut
2 Karotten
2 - 3 EL Weißweinessig
2 EL Öl
1 - 2 TL Zucker
100 - 150 g magerer Speck
Salz
Pfeffer
Petersilie

Die äußeren Blätter vom Kraut ablösen, den Kopf vierteln und die dicken Strunke entfernen. Das Kraut in feine Streifen schneiden, in kochendem Wasser kurz blanchieren.
Die Karotten schälen, den inneren Kern entfernen. Die Karotten in kleine Stifte schneiden. Essig mit Salz, Pfeffer und Zucker verquirlen und nach und nach das Öl einrühren. Das Kraut und die Karotten mit der Salatsauce mischen und 30 Minuten ziehen lassen.

Den Speck in kleine Würfel schneiden, hell braten und zum Kraut mischen. Die gehackte Petersilie darüber streuen.

Passt gut zu Würstchen oder Hackbraten.

Salade de chou blanc au lard fumé

1 petit chou blanc
2 carottes
2 à 3 c. à soupe de vinaigre de vin blanc
2 c. à soupe d'huile
1 à 2 c. à café de sucre
100 à 150 g de lard fumé maigre
sel
poivre
persil

Enlever les feuilles extérieures du chou ainsi que les gros trognons, couper le chou d'abord en quatre. Trancher le chou finement. Le faire blanchir brièvement dans de l'eau bouillante, égoutter et laisser refroidir.

Eplucher les carottes, en enlever les cœurs, les couper en juliennes.

Mélanger le vinaigre, le sel, le poivre et le sucre et ajouter peu à peu l'huile tout en remuant. Mélanger le chou et les juliennes de carottes, ajouter la sauce par-dessus.

Couper le lard en petits dés, le faire dorer à la poêle. Le répandre sur le chou.
Saupoudrer à la fin de persil haché.

Va bien avec des saucisses chaudes ou un rôti de viande hachée.

Bayerischer Schweinebraten

1 - 1,5 kg Schweinefleisch mit Schwarte (Schulter oder Hals)
Salz, Pfeffer gemahlen
Kümmel gemahlen
2 - 3 Knoblauchzehen
0,5 - 1 l Wasser
1 Zwiebel
1 Bund Suppengrün
Butter- oder Schweineschmalz

Empfehlung:
Die Knoblauchzehen schälen, zerkleinern, mit viel Salz bestreuen und mit einem Messer zerdrücken. Das ergibt eine feine Knoblauchpaste zum Einreiben. Sie brauchen kein zusätzliches Salz für den Braten.

Das Fleisch ein paar Stunden vor dem Braten mit Salz, Kümmel und fein zerdrücktem Knoblauch einreiben. Ein großes Karo mit einem scharfen Messer in die Schwarte einschneiden. In einer Pfanne Butter- oder Schweineschmalz erhitzen und den Braten von allen Seiten anbraten. Danach in eine Bratreine legen, in der zuvor 0,5 l Wasser mit einem Bund Suppengrün und der halbierten Zwiebel aufgekocht wurde.

Die Reine in den auf 220° C vorgeheizten Backofen stellen, den Braten mehrmals mit der Sauce begießen. Die Hitze nach 30 Minuten auf 190° C reduzieren. Ca. 1,5 Stunden im Ofen braten. Den Braten in Scheiben schneiden und auf eine vorgewärmte Platte legen. Die Sauce, falls nötig, mit Salz und Pfeffer würzen und zum Braten servieren.

Beilagen: Kartoffel- oder Semmelknödel.

Rôti de porc à la bavaroise

1 à 1,5 kg de viande de porc (par exemple de l'épaule ou du cou)
sel, poivre du moulin
cumin moulu
2 ou 3 gousses d'ail
0,5 à 1 litre d'eau
1 oignon
1 bouquet d'herbes potagères
beurre ou beurre fondu

Conseil:
Peler les gousses d'ail. Ajouter beaucoup de sel et écraser l'ail avec le plat d'un couteau. Vous obtiendrez une pâte avec laquelle vous pourrez badigeonner le rôti. Vous n'aurez alors plus besoin de saler la viande.

Saler la viande, l'assaisonner avec le cumin moulu et l'ail écrasé quelques heures avant la cuisson. Inciser un grand carré dans la couche graisseuse avec un couteau bien tranchant. Faire fondre le beurre ou utiliser le beurre fondu dans une poêle et faire revenir la viande de tous les côtés. Verser 0,5 litre d'eau dans un plat à four, y placer la viande avec un bouquet à herbes potagères et la moitié d'un oignon.
Préchauffer le four à 220° C et y mettre le plat avec le rôti. Arroser avec la sauce plusieurs fois. Réduire la chaleur après 30 Minutes à 190° C et laisser cuire 1 heure 30 environ. Sortir ensuite le rôti, le couper en tranches, passer la sauce et servir dans un plat chaud. Régler l'assaisonnement de la sauce avec du sel et du poivre et la servir en saucière avec le rôti de porc.

Accompagnement typique: boulettes de pommes de terre ou de pain.

„Böfflamott"

1 kg Ochsenfleisch (Rose)
Zucker
Zitrone
2 EL saure Sahne
Speck

Einbrenne:
30 g Butter
20 g Mehl

Für die Marinade:
2 Zwiebeln halbiert
0,7 l Weißwein
0,7 l Fleischbrühe
1 Lorbeerblatt
2 Nelken
Pfefferkörner und Wacholderbeeren im Mörser grob zerstoßen
Salz

Die Zutaten für die Marinade in einem Topf aufkochen und abkühlen lassen. Das Fleisch mit den Speckstreifen spicken und mit der abgekühlten Marinade übergießen. Zudecken und 2 Tage in den Kühlschrank stellen.

Das Fleisch in der Beize 2 - 3 Stunden weich kochen. Eine dunkle Einbrenne herstellen, mit dem heißen Sud aufgießen, um eine sämige Sauce zu erhalten.

Das Fleisch in Scheiben schneiden und in die Sauce legen, mit Zitronenscheibe und Zucker noch einige Minuten aufkochen. Vor dem Servieren mit Sahne abschmecken.

Servieren Sie zum „Böfflamott" am besten Pellkartoffeln, Nudeln oder Semmelknödel.

« Bœuf à la mode » à la Bavaroise

1 kg de viande de bœuf (macreuse ou jumeau)
sucre
jus de citron
2 c. à soupe de crème
Tranches de lard

Pour le roux:
30 g de beurre
20 g de farine

Pour la marinade:
2 oignons
0,7 litre de vin blanc
0,7 litre de bouillon de viande
1 feuille de laurier
2 clous de girofle
poivre en grains et grains de genièvre pilés
sel

Faire bouillir tous les ingrédients de la marinade dans une casserole, laisser ensuite refroidir. Entrelarder la viande et verser la marinade dessus. Couvrir et laisser reposer dans le réfrigérateur pendant deux jours.
Faire cuire ensuite l'ensemble dans son jus de marinade 2 à 3 heures à feu doux, jusqu'à ce que la viande soit bien tendre.
Préparer entre-temps le roux en faisant revenir doucement la farine dans le beurre sans la brûler. Mouiller le roux avec le bouillon pour obtenir une sauce liée.
Après la cuisson de la viande, la découper en tranches et déposer celles-ci dans la sauce liée. Ajouter le citron et le sucre et laisser mijoter pendant encore quelques minutes. Avant de servir ajouter de la crème à votre goût.

Accompagnement: pommes de terre en robe des champs, pâtes ou boulettes de pain.

Filet Mignon mit Cognac-Sauce

4 Scheiben Rinderfilet
3 EL Cognac
2 EL fein gehackte Zwiebeln
1 Tasse Crème fraîche
2 EL Dijon-Senf
Salz
Pfeffer
1 - 2 EL Butter zum Anbraten

Die Fleischstücke mit Salz und Pfeffer einreiben. In einer Pfanne die Butter erhitzen und das Fleisch nach Geschmack anbraten.

Cognac über die Filets gießen und flambieren. Danach auf eine vorgewärmte Platte legen. Die Zwiebeln im Fond dünsten, Crème fraîche einrühren und eindicken lassen.

Den Dijon-Senf einrühren und sofort mit den Filets servieren.

Beilagen: Kartoffelgratin, Gemüsegratin

Vorsicht beim Flambieren! Nehmen Sie die Pfanne vom Herd, bevor Sie den Cognac anzünden.

Filet mignon au Cognac

4 tranches de filet de bœuf
3 c. à soupe de Cognac
2 c. à soupe d'oignon hachés
1 tasse à café de crème fraîche
2 c. à soupe de moutarde de Dijon
sel
poivre
1 à 2 c. à soupe de beurre

Saler et poivrer les filets de bœuf. Faire fondre du beurre dans une poêle et revenir la viande selon la cuisson désirée. Verser le Cognac sur la viande et flamber. Retirer la viande (tenir au chaud).
Faire revenir les oignons dans le mélange Cognac/beurre, ajouter la crème fraîche et laisser épaissir.
Mélanger la moutarde de Dijon avec la sauce ainsi obtenue, et la servir tout de suite avec les tranches de filet de bœuf chaudes.

Accompagnements recommandés: gratin de pommes de terre ou de légumes.

Attention: Au moment de flamber retirer impérativement la poêle du feu avant d'y verser le Cognac!

Geschmortes Kalbsherz

500 g Kalbsherz
2 EL Butterschmalz
Mehl
1 Zwiebel
200 g Karotten
0,5 l Kalbsbrühe
saure Sahne
Petersilie

Marinade:
Rotweinessig mit etwas Wasser verdünnt
1 Prise Salz
1 TL Zucker
4 Pfefferkörner
1 Lorbeerblatt
2 Wacholderbeeren
2 Nelken
1 Zitronenscheibe

Zutaten für die Marinade in eine Schüssel geben und gut verrühren. Das Kalbsherz gründlich waschen, in die vorbereitete Marinade einlegen, im verschlossenen Gefäß 2 Tage in den Kühlschrank stellen.

Das Herz abtropfen lassen, in Streifen schneiden, mit Mehl bestäuben und mit den Zwiebelringen kurz anbraten, mit der Kalbsbrühe aufgießen, 40 Minuten schmoren.

Die Karotten säubern, in kleine Streifen schneiden und mitschmoren. Zum Schluss mit saurer Sahne, gehackter Petersilie und Salz abschmecken.

Beilage: Semmelknödel

Cœur de veau braisé

500 g de cœur de veau
2 c. à soupe de beurre fondu
farine
1 oignon
200 g de carottes
0,5 litre de bouillon
crème liquide
persil

Marinade:
Vinaigre de vin rouge dilué avec un peu d'eau
1 pincée de sel
1 c. à café de sucre
4 grains de poivre
1 feuille de laurier
2 grains de genièvre
2 clous de girofle
1 rondelle de citron

Mettre la marinade dans un récipient approprié et bien mélanger les ingrédients. Laver abondamment le cœur et le mettre à macérer dans la marinade. Laisser reposer couvert 2 jours dans le réfrigérateur.
Après cette macération, égoutter la viande et la couper en bandes, saupoudrer de farine. Faire revenir l'oignon et braiser la viande à petit feu pendant 40 minutes.
Couper les carottes en petits cubes et les ajouter à la viande.
Verser en fin de cuisson la crème dans la sauce, ajouter du persil haché und corriger l'assaisonnement avec du sel si nécessaire.

Accompagnement conseillé:
boulettes de pain (« Semmelknödel »).

750 g mehlige Kartoffeln
Salz
Kümmel
500 g Schweinebrust

Goas'bratl

Kartoffeln schälen, in 1 cm dicke Scheiben schneiden (oder vierteln, wenn die Kartoffeln klein sind).

Die Bratreine mit 1 cm Wasser füllen, Kartoffelscheiben einlegen, Salz und Kümmel darüberstreuen.

Schweinebrüstl mit Salz, Pfeffer und Kümmel einreiben und darauflegen. Die Reine in das Bratrohr geben und das Ganze ca. 1,5 Stunden bei 200° C braten. Während des Bratens das Fleisch öfter mit warmem Wasser übergießen.

Nach dem Garen müssen die Kartoffeln schön knusprig sein.

Beilagen-Empfehlung: Sauerkraut oder Salate der Saison.

750 g de pommes de terre
sel
cumin
500 g de poitrine de porc

« Goas'bratl » - poitrine de porc aux pommes de terre, cuite au four

Eplucher les pommes de terre et les émincer en tranches d'environ 1 cm d'épaisseur. Si les pommes de terre sont petites, les couper en quatre.
Emplir un plat à rôtir d'un cm d'eau, disposer les tranches (ou les quarts) de pommes de terre dans ce bain d'eau et saupoudrer de sel et de cumin.
Epicer aussi la poitrine de porc avec du sel et du cumin et la déposer sur les couches de pommes de terre.
Laisser cuire au four à 200° C pendant environ une heure et demie.
Ne pas oublier d'arroser la viande régulièrement pendant la cuisson.
Une fois la viande à point, les pommes de terre seront bien croustillantes.

Accompagner ce plat avec de la choucroute ou une salade de saison.

Hackbraten Hausfrauenart

250 g Rinderhack
250 g Schweinehack
1 große Zwiebel
100 g Speck
1 Tasse Milch
300 g Weißbrotwürfel
3 Eier
Petersilie
Knoblauch
abgeriebene Orangenschale (unbehandelt)
1 EL Senf
Salz
Pfeffer
Semmelbrösel

Die Zwiebel und den Speck in kleine Würfel schneiden, zusammen in einer Pfanne anrösten. Das Weißbrot in warmer Milch einweichen und gut ausdrücken. Das Hackfleisch und alle Zutaten gut mischen, länglich formen, in Semmelbröseln wälzen und in einer ausgefetteten Kastenform 1 - 1,5 Stunden im Ofen backen.

Beilagen: Kartoffelpüree, Salzkartoffeln und Salate.

Rôti de viande hachée maison

250 g de viande hachée de bœuf
250 g de viande hachée de porc
1 gros oignon
100 g de « Speck » (petit salé)
1 tasse de lait
300 g de baguette ou de pain de mie
3 œufs
persil
ail
Zestes d'orange (non traitée)
1 c. à soupe de moutarde
sel
poivre
chapelure

Faire revenir l'oignon, le « Speck » (petit salé) dans une poêle. Faire ramollir le pain dans le lait et bien le presser après pour en retirer le maximum de liquide.
Mélanger bien viande et ingrédients et donner à la masse ainsi obtenue une forme ovale que vous roulerez dans la chapelure.
Mettre le rôti dans un plat allant au four et rôtir pendant 1 heure à 1 heure et demie.

Accompagnement: purée de pommes de terre, pommes de terre cuites à la vapeur et salades.

Leber sauer

500 g Kalbs- oder Schweineleber
40 g Butter
1 Zwiebel
1 EL Weißweinessig
1 EL Mehl
1 Prise Zucker
2 - 3 EL saure Sahne
Salz

Die Leber waschen, abtrocknen und in kleine Streifen schneiden.
Feine Zwiebelringe in heißem Fett goldgelb braten, die Leber dazugeben und kurz mitbraten, mit 2 EL warmem Wasser aufgießen, 1 - 2 Minuten kochen. Mehl und Sahne verquirlen, Salz, Pfeffer und Essig unterrühren, zur Leber geben und kurz aufkochen.
Dieses Gericht sollte sofort serviert werden.

Variante:
Statt Leber können Sie auch Nieren kochen.
Nieren sauer: Nieren der Länge nach halbieren, die Sehnen und das Fett entfernen, 2 Stunden in Buttermilch einlegen.
Ansonsten zubereiten wie die Leber.

Die Leber nicht vorher salzen, sie würde trocken und hart werden.

Als Beilage sind Kartoffelpüree oder Salzkartoffeln und grüne Salate zu empfehlen.

Foie mariné au vinaigre

500 g de foie de veau ou de porc
40 g de beurre
1 oignon
1 c. à soupe de vinaigre de vin blanc
1 c. à soupe de farine
1 pincée de sucre
2 - 3 c. à soupe de crème liquide
sel

Laver le foie et le couper en morceaux.
Couper l'oignon en rondelles, le faire revenir dans le beurre fondu, ajouter le foie et laisser revenir quelques minutes. Verser 2 c. à soupe d'eau chaude dans la poêle et faire cuire encore 1 à 2 minutes. Battre la crème avec la farine, saler, poivrer, intégrer le vinaigre, ajouter au foie, porter tout juste à ébullition, retirer vite du feu.

Variante:
Au lieu du foie, vous pouvez prendre aussi des rognons (si vous les aimez). Les couper en deux, les laver soigneusement, enlever la graisse et les tendons et les laisser macérer 2 heures dans du petit lait. Préparer sinon comme le foie.

Ne pas saler le foie au début, il deviendrait sec et dur.

Accompagner ce plat de purée de pommes de terre salées ou en robe des champs et de salades.

Pichelsteiner

750 g Ochsen- oder Schweineschulter
2 Zwiebeln
10 g Butterschmalz
1 kg Kartoffeln
1 Sellerieknolle
3 Petersilienwurzeln
3 Stangen Lauch
5 Karotten
Petersilien- und Selleriegrün
Pfeffer aus der Mühle
1 l Fleischbrühe

Kartoffeln waschen, schälen und in viertel schneiden. Sellerie, Petersilienwurzel, Lauch und Karotten waschen, schälen und in Scheiben schneiden. Kartoffeln und Gemüse in einer Schüssel mit Salz und kleingehacktem Petersilien- und Selleriegrün mischen.
Fleisch in Würfel schneiden und in heißem Butterschmalz von allen Seiten anbraten, mit 1/4 l Brühe aufgießen und 30 Minuten dünsten. Das Fleisch aus dem Topf nehmen, das vorbereitete Gemüse abwechselnd mit Fleisch zurück in den Topf schichten, (eine Lage Gemüse, eine Lage Fleisch) mit der heißen Brühe des öfteren aufgießen. Bei kleinerer Temperatur fertiggaren, das Gemüse soll nicht zu weich werden. Zum Schluss mit Pfeffer bestreuen und servieren.

Pot-au-feu « Pichelsteiner »

750 g de viande de bœuf, ou de porc (pris dans l'épaule)
2 oignons
10 g de beurre fondu
1 kg de pommes de terre
1 bulbe de céleri
3 racines de persil
3 poireaux
5 carottes
un bouquet de persil et de feuilles de céleri
poivre du moulin
1 litre de bouillon de viande

Laver les pommes de terre, les éplucher et les couper en quatre. Laver soigneusement le céleri, les racines de persil, les poireaux et les carottes, les éplucher et les couper en rondelles. Mélanger les pommes de terre et les autres légumes dans une marmite, saler et ajouter les bouquets de persil et de feuilles de céleri.
Couper la viande en morceaux de taille moyenne et les faire dorer dans une poêle de chaque côté dans du beurre fondu. Ajouter 1/4 de litre de bouillon et laisser mijoter 30 minutes. Retirer ensuite la viande et disposer l'une après l'autre une couche de légumes, une couche de viande, etc. dans une grande marmite, et mouiller de bouillon chaud si nécessaire. Finir la cuisson à petit feu. Veiller à ce que les légumes ne soient pas trop cuits.
Poivrer à la fin, s'il le faut.

Rindsrouladen

4 dünne Scheiben Rindfleisch (Schlegel oder Lende)
2 EL Butterschmalz
0,25 l Fleischbrühe
20 g Butter
1 EL Tomatenmark
Salz
Pfeffer

Zum Füllen:
Salz
Pfeffer
2 EL Senf
4 dünne Scheiben Speck
1 Zwiebel
2 Stiele Staudensellerie
4 Stiele Petersilie
2 Karotten
2 Essiggurken

Die Fleischscheiben, salzen, pfeffern, dünn mit Senf bestreichen und mit Speck belegen.
Zwiebel schälen und im Mixer mit Staudensellerie, geschälten und entkernten Karotten, Petersilie und den Essiggurken mixen, aber nicht zu fein. Auf die Fleischscheiben verteilen. Diese aufrollen und binden.
Die Rollen im heißen Butterschmalz rasch von allen Seiten anbraten, mit Fleischbrühe aufgießen und im geschlossenen Topf 30 Minuten schmoren.
Nach dem Garen die Rouladen aus der Sauce nehmen und warm stellen, die Sauce im Mixer mit Butter, Tomatenmark, Salz und Pfeffer mixen, aufkochen und über die Rouladen gießen.

Beilage: Kartoffelpüree, Nudeln und/oder grüner Salat.

Paupiettes de bœuf

4 tranches minces de bœuf (faux-filet ou noix)
2 c. à soupe de beurre fondu
0,25 litre de bouillon de viande
20 g de beurre
1 c. à soupe de concentré de tomates
sel
poivre

Pour la farce :
sel
poivre
4 tranches fines de lard fumé
2 c. à soupe de moutarde
1 oignon
2 branches de céleri
4 brins de persil
2 carottes
2 cornichons

Saler et poivrer les tranches de viande. Enduire d'une fine couche de moutarde, poser le lard sur les tranches de viande.
Eplucher l'oignon, le passer avec le céleri, les carottes auparavant épluchées, le persil et les cornichons dans un mixeur, mais pas trop fin.
Etaler cette mixture sur les tranches de viande.
Rouler et ficeler. Faire dorer de tous les côtés dans du beurre fondu. Ajouter du bouillon et laisser mijoter une trentaine de minutes.
Une fois les paupiettes cuites, les retirer de la sauce, enlever les fils et placer au chaud. Passer la sauce au mixeur avec un peu de beurre, le concentré de tomates, le sel et le poivre, remettre la sauce dans la poêle et réchauffer.
Verser la sauce sur les paupiettes.

Accompagnement: purée de pommes de terre, pâtes, ou/et salade verte.

Schweinekoteletts „Großmutter“

4 Koteletts
Butter
Zwiebeln
Tomatenscheiben
saurer Rahm
Mehl

Foto: siehe Titelseite

Koteletts klopfen, mit Salz und Pfeffer einreiben. In eine mit Butter gefettete Glasform einlegen. Darauf eine Lage fein geschnittene, in Butter glasig gedünstete Zwiebeln, und darauf eine Lage Tomatenscheiben.
30 Minuten im vorgeheizten Backofen bei 200°C dünsten.
Sauren Rahm und Mehl verquirlen, darüber gießen und noch 15 Minuten mit dünsten.

Beilage: Reisrand

Côtes de porc « Grand'Mère »

4 côtes de porc
beurre
oignons
tranches de tomates
crème fraîche
farine

Photo : voir page de couverture

Mettre les côtes de porc, salées et poivrées, dans un plat en verre avec couvercle, graissé auparavant.
Poser sur les côtes de porc les oignons coupés en lamelles fines et préalablement dorées dans du beurre et une couche de tranches de tomates.
Faire cuire au four préchauffé à 200°C pendant 30 minutes.
Mélanger la crème et la farine, verser ce mélange sur les côtes de porc et laisser étuver encore pendant 15 minutes.

Servir avec du riz.

1 kg - 1,5 kg Spanferkel
50 g Butter
Salz
Pfeffer
0,25 l helles oder dunkles Bier (kein Pils)
0,25 l kräftige Gemüsebrühe
Öl zum Anbraten

Spanferkel

Das Spanferkel gut waschen, mit Salz und Pfeffer einreiben und von allen Seiten anbraten.
In eine Bratreine legen, etwas Bier und Gemüsebrühe zugießen und in den auf 225° C vorgeheizten Backofen schieben.
Nach 30 Minuten mit Butter bestreichen und 2 - 3 mal wiederholen. Wenn die Flüssigkeit weniger wird, mit Bier und Brühe nachgießen.
Den fertigen Braten in Scheiben schneiden und auf eine vorgewärmte Platte legen. Die Sauce durch ein Sieb gießen und mit Butter verfeinern, mit Salz und Pfeffer abschmecken.
Garzeit etwa 1 - 1,5 Stunden

Dazu passend: Kartoffelknödel und Weißkrautsalat.

1 kg à 1,5 kg de viande de cochon de lait
50 g de beurre
sel
poivre
0,25 litre de bière blonde ou brune (pas de pils)
0,25 litre de bouillon de légumes
de l'huile

Cochon de lait rôti

Laver la viande, saler, poivrer et la faire revenir sur tous les côtés.
Déposer le rôti dans un plat allant au four, arroser de bière et de bouillon et introduire dans le four préchauffé à 225° C, couette vers le haut.
Laisser cuire pendant une demi-heure. Badigeonner avec du beurre. Recommencer cette opération 2 à 3 fois. Arroser régulièrement de bière et de bouillon.
Trancher le rôti cuit, le poser dans un plat chaud. Passer la sauce. Affiner avec du beurre, du sel et du poivre.
Temps du cuisson totale: 1 heure à 1 heure et demie.

Vous pouvez accompagner le rôti avec des boulettes de pommes de terre et d'une salade de chou blanc.

Tellerfleisch

1 kg Rindfleisch (Bug oder Rosenspitz)
300 - 400 g Suppenfleisch anstatt Knochen
1 Zwiebel ungeschält
1 Bund Suppengrün
2 l Wasser kalt
3 Knoblauchzehen ungeschält
5 Pfefferkörner
1 Zweig Rosmarin
1 EL Öl
Salz
Schnittlauch
geriebener Meerrettich

Das Rindfleisch darf nicht zu weich werden, muss aber trotzdem auf der Zunge zergehen. Kaufen Sie lieber gut abgehängtes Fleisch!

Die Zwiebel teilen und das Suppengrün grob schneiden. In einem Topf das Öl erwärmen, das Suppenfleisch darin braun anbraten, die Zwiebel und das Suppengrün dazugeben und leicht anbräunen. Das kalte Wasser aufgießen, salzen und alles zum Kochen bringen. Etwa entstehenden Schaum abschöpfen. Das Rindfleisch waschen und in die kochende Brühe geben, zugedeckt 1,5 - 2 Stunden sieden lassen. Nach 30 Minuten Knoblauchzehen, Pfefferkörner, Rosmarin dazugeben. Das fertige Rindfleisch in Scheiben schneiden, in tiefen Tellern anrichten, darüber etwas heiße Brühe geben, mit Salz und Pfeffer abschmecken und mit fein geschnittenem Schnittlauch bestreuen.

Dazu passen: roher geriebener Meerrettich, scharfer Senf, saure Gurken und Kartoffelsalat.

Viande de bœuf bouillie

1 kg de viande de bœuf (gîte ou culotte)
300 g à 400 g de viande de bœuf à pot-au-feu au lieu d'os
1 oignon non pelé
1 bouquet d'herbes potagères
2 litres d'eau froide
3 gousses d'ail non pelées
5 grains de poivre
1 brin de romarin
1 c. à soupe d'huile
sel
ciboulette
Raifort râpé

La viande ne doit pas devenir trop tendre, mais pas rester dure non plus. Acheter en tout cas une viande de qualité bien mûrie.

Couper l'oignon en deux et les herbes potagères en gros morceaux. Chauffer un peu d'huile dans une marmite, y dorer la viande à pot-au-feu, y ajouter l'oignon et les herbes potagères et laisser brunir un peu.
Verser l'eau froide dans la marmite, saler et laisser bouillir. Ecumer si nécessaire. Laver la viande de bœuf et la mettre dans l'eau bouillante Couvrir et laisser mijoter pendant 1 heure 30 à 2 heures.
Ajouter après 30 minutes l'ail, le poivre, et le romarin. Après la cuisson couper la viande en tranches, recouvrir d'un peu de bouillon et parsemer de ciboulette hachée finement.

Accompagnement: raifort râpé, moutarde, cornichons ou salade de pommes de terre.

300 - 400 g verschiedene Waldpilze
80 - 100 g Butter
1 kleine Zwiebel
0,5 l Rindfleischbrühe
Salz
Muskat
Pfeffer aus der Mühle
6 EL Sahne
2 EL gehackte Petersilie
2 EL geschlagene Sahne

Waldpilze in Sahnesauce

Die Pilze säubern, je nach Größe halbieren, vierteln oder achteln, so dass gleich große Stücke entstehen.
Butter in einer Pfanne erhitzen und gewürfelte Zwiebel darin glasig dünsten. Pilze salzen und dazugeben, 2 - 3 Minuten braten. Mit Brühe und Sahne aufkochen. Mit Salz, Pfeffer und Muskat abschmecken. Zum Schluss gehackte Petersilie und Schlagsahne unterziehen und sofort auf vorgewärmten Tellern anrichten.

Dieses Gericht passt hervorragend zu Semmelknödeln (siehe Rezept S. 40).

300 - 400 g de choix de champignons des bois
80 - 100 g de beurre
1 petit oignon
0,5 litre de bouillon de viande de bœuf
sel
muscade
poivre du moulin
6 c. à soupe de crème
2 c. à soupe de persil haché
2 c. à soupe de crème battue

Champignons des bois à la crème

Nettoyer les champignons. Selon leur taille les couper en deux, en quatre ou en huit, de sorte à obtenir des morceaux de même calibre.
Faire fondre du beurre dans une poêle et faire revenir des morceaux d'oignons. Saler les champignons et les ajouter aux oignons. Les faire aussi revenir 2 à 3 minutes.
Mouiller avec du bouillon et de la crème et laisser bouillir. Terminer l'assaisonnement avec du sel, du poivre et de la muscade. Ajouter à la fin le persil haché et la crème, et servir sans tarder sur des assiettes préchauffées.

Ce plat s'accompagne bien de boulettes de pain («Semmelknödel»). Voir recette page 40.

Blaukraut

500 g Blaukraut (Rotkohl)
1 Apfel säuerlich
Salz
3 EL Rotweinessig
1 EL Butter
1 Zwiebel
1 kl. Tasse Fleischbrühe
1 Zimtstange
2 Nelken
1 Lorbeerblatt
1 EL Zucker
1/8 l Rotwein
Pfeffer

Blaukraut waschen, vierteln, harte Strünke entfernen. Das Kraut mit einem scharfen Messer in feine Streifen schneiden oder hobeln. Apfel schälen, entkernen und vierteln.
Das Kraut salzen, geschnittenen Apfel und Rotweinessig untermischen und 1 - 2 Stunden ziehen lassen.
Butter zerlassen, gewürfelte Zwiebel und Zucker glasig dünsten. Das Blaukraut mit der Flüssigkeit zugeben und kurz anschmoren. Rotwein, Fleischbrühe, Zimtstange, Nelken und Lorbeerblatt zufügen und im geschlossenen Topf 30 Minuten garen.
Zimtstange, Nelken und Lorbeer entfernen und mit Salz und Pfeffer abschmecken.

Blaukraut schmeckt auch aufgewärmt sehr gut.

Chou rouge

500 g de chou rouge
1 pomme relativement acide
sel
3 c. à soupe de vinaigre de vin rouge
1 c. à soupe de beurre
1 oignon
1 petite tasse de bouillon
1 tige de cannelle
2 clous de girofle
1 feuille de laurier
1/2 c. à soupe de sucre
1/8 de litre de vin rouge
poivre

Laver le chou, le couper en quatre, enlever le trognon. Couper le chou en lanières fines à l'aide d'un couteau bien tranchant ou le râper. Peler la pomme, l'épépiner et la couper en quartiers.
Saler le chou, ajouter les morceaux de pomme et verser le vinaigre sur le tout. Laisser reposer pendant 1 à 2 heures.
Faire chauffer le beurre et caraméliser le sucre avec l'oignon.
Ajouter le chou avec le jus de macération et laisser cuire un peu. Ajouter le vin, le bouillon, la cannelle, les clous de girofle et la feuille de laurier et laisser cuire 30 minutes.
Entlever la tige de canelle, les clous de girofle et la feuile de laurier et saler, poivrer.

Le chou rouge ainsi préparé peut aussi bien se manger froid.

Gebackene Selleriescheiben

2 große Sellerieknollen
4 Eier
4 EL Öl
4 Scheiben gekochter Schinken
Mehl
Ei
Semmelbrösel zum Panieren

Sellerie waschen, schälen in 2 cm dicke Scheiben schneiden. In leicht gesalzenem Wasser 20 Minuten kochen, gut abtropfen lassen.
In Mehl, Ei und Semmelbrösel wenden, in heißem Öl beidseitig goldgelb backen.
Unterdessen 4 Spiegeleier bereiten.
Zwischen je 2 Selleriescheiben eine Schinkenscheibe legen, ein Spiegelei obenauf setzen, mit grobem Pfeffer bestreuen.

Dazu Kräuter-Remouladensauce reichen.

Tranches de céleri frites

2 gros bulbes de céleri
4 œufs
4 c. à soupe d'huile
4 tranches de jambon cuit
farine
œuf
chapelure pour paner

Laver et éplucher les bulbes de céleri, puis les couper en tranches de 2 cm environ.
Faire cuire à l'eau légèrement salée pendant 20 minutes. Egoutter.
Passer dans la farine, l'œuf battu puis la chapelure et faire frire en retournant à mi-cuisson.
Parallèlement préparer 4 œufs sur le plat.
Poser une tranche de jambon entre 2 tranches de céleri et sur le tout 1 œuf cuit sur le plat.
Assaisonner avec du poivre du moulin.

Servir avec une sauce rémoulade aromatisée aux herbes.

1 kg mehlige Kartoffeln
0,25 - 0,5 l heiße Milch
1 Semmel
200 g Kartoffelmehl
geriebene Muskatnuss
30 g Butter
Salz

Halbseidene Kartoffelknödel

Die Kartoffeln kochen, abgießen und ein paar Minuten ruhen lassen. Dann sofort schälen und heiß durch eine Kartoffelpresse drücken oder reiben. Mit dem Kartoffelmehl mischen, am besten mit einer Gabel. Dann die heiße Milch langsam dazugeben und mit einem Holzlöffel durchrühren. Den Teig mit Muskatnuss und Salz würzen. Die Semmel in kleine Würfel schneiden und in heißer Butter goldbraun rösten. Mit angefeuchteten Händen Knödel von etwa 6 cm Durchmesser formen, dabei jeweils einige geröstete Semmelwürfel in die Mitte geben. 2 l leicht gesalzenes Wasser aufkochen, die Knödel einlegen und etwa 25 Minuten offen ziehen, aber nicht kochen lassen. Sie sind gar, wenn sie nach oben steigen. Mit einem Schaumlöffel herausnehmen, gut abtropfen lassen und in einer vorgewärmten Schüssel servieren.

Passt gut zu Geflügel, Wildgeflügel oder Kalbsbraten.

1 kg de pommes de terre « farineuses «
0,25 à 0,50 litre de lait chaud
1 petit pain
200 g de fécule de pommes de terre
muscade
30 g de beurre
sel

Boulettes de pommes de terre

Cuire les pommes de terre, les sortir et les laisser reposer un peu. Les peler et les presser encore chaudes ou les râper. Les mélanger à la fécule. Verser le lait chaud lentement dans le mélange. Mélanger avec une cuillère en bois. Affiner la pâte avec de la muscade et du sel. Dorer le petit pain coupé en dés dans du beurre.
Mouiller les mains et former des boulettes de 6 cm de diamètre environ, en y incorporant (au milieu) quelques dés de pain frits.
Porter 2 litres d'eau à ébullition, y laisser glisser les boulettes et faire cuire 25 minutes à découvert dans l'eau frémissante. Les boulettes sont cuites lorsqu'elles remontent à la surface de l'eau. Les retirer avec une louche à écumer, égoutter. Servir dans un plat préchauffé.

Va bien avec du poulet, du gibier ou un rôti de veau, tous en sauce.

Kartoffelteig (Grundrezept)

500 g gekochte Kartoffeln (mehlig-festkochende Sorte)
100 g Mehl
1 Eigelb
Muskat
Salz
Pfeffer aus der Mühle

Die ausgekühlten Kartoffeln durch eine Kartoffelpresse drücken und mit Mehl, Salz, Pfeffer, Muskat und Eigelb kneten, so dass ein geschmeidiger Teig entsteht.

Die Kartoffel können am Vortag gekocht und im Kühlschrank aufbewahrt werden.

Pâte à base de pommes de terre (Recette de base)

500 g de pommes de terre précuites
100 g de farine
1 jaune d'œuf
muscade
sel
poivre du moulin

Râper ou presser les pommes de terre tièdes et les mélanger avec la farine, le sel, le poivre, la muscade et le jaune d'œuf jusqu'à obtenir une pâte onctueuse.

Vous pouvez cuire les pommes de terre la veille et les conserver dans le réfrigérateur.

Kartoffeldatschi

Kartoffelteig (siehe Grundezept oben)
Butterschmalz zum Backen

Aus dem Kartoffelteig handtellergroße Küchlein formen und in der Pfanne in heißem Fett goldgelb ausbacken.

Dazu gibt es Sauer- oder Blaukraut. Sie passen gut zu Gerichten mit brauner Sauce.

« Kartoffeldatschi » – Galettes de pommes de terre

Pâte de pommes de terre (voir recette de base ci-dessus)
beurre fondu pour la friture

Former avec la pâte de pommes de terre des galettes qui seront à frire à la poêle et retournées à mi-cuisson.

Servir avec du chou blanc ou rouge ou/et de la viande avec une sauce brune.

500 g Kartoffeln
Salz
1 EL Quark
Öl zum Ausbraten

Reiberdatschi (Kartoffelpuffer)

Die Kartoffeln waschen, schälen und mittelfein reiben, in einem Küchentuch leicht ausdrücken. Mit Quark und Salz abschmecken. Reichlich Öl in einer großen Pfanne erhitzen, jeweils 2 Esslöffel voll Teig in die Pfanne geben, etwas breit drücken. Auf beiden Seiten goldgelb braten. Möglichst frisch aus der Pfanne servieren oder auf einem Teller nebeneinander liegend im Backofen warm halten.

Beilage: Sauerkraut, Blaukraut oder Apfelmus.

500 g de pommes de terre
sel
1 c. à soupe de fromage blanc
de l'huile pour la friture

« Reiberdatschi » – Galettes de pommes de terre

Eplucher les pommes de terre, les râper, les presser dans un torchon propre.
Ajouter le fromage blanc et le sel, et mélanger. Faire chauffer l'huile dans une poêle et y mettre deux c. à soupe de pâte, aplatir un peu. Dorer des deux côtés.
Servir si possible directement sortant de la poêle ou les mettre au chaud au four.

Servir avec de la choucroute, du chou rouge ou une compote de pommes.

1 kg Kartoffeln
5 Semmeln (1 Tag alt)
0,5 l Milch
2 Eier
Salz
1,5 l Salzwasser

Reiberknödel (Kartoffelknödel)

Semmeln in Scheiben schneiden und mit heißer Milch übergießen. Die gewaschenen Kartoffeln schälen und fein reiben, in einem Küchentuch fest ausdrücken. Zusammen mit den Eiern unter die getränkten Semmeln mischen, salzen und zu einem geschmeidigen Teig verarbeiten. Mit angefeuchteten Händen Knödel von etwa 5 cm Durchmesser formen.
Das Salzwasser aufkochen, die Knödel einlegen, den Topf zudecken und ca. 30 Minuten ziehen lassen, nicht kochen.
Wenn sie sich drehen, sind sie fertig. Mit einem Schaumlöffel herausnehmen, gut abtropfen lassen und in eine vorgewärmte Schüssel geben.

Werden als Beilage zu allen Arten von Braten serviert.

1 kg de pommes de terre
5 petits pains (vieux d'une journée)
0,5 litre de lait
2 œufs
sel
1,5 litre d'eau salée

Quenelles de pommes de terre

Couper les pains en tranches et les tremper dans le lait chaud. Râper les pommes de terre crues, les essorer dans un linge propre et les placer dans une casserole. Ajouter les tranches de pain mouillées de lait et le sel, puis mélanger pour obtenir une pâte souple.
Former des boules d'environ 5 cm de diamètre et les mettre à cuire dans de l'eau bouillante. Couvrir la casserole et laisser mijoter 30 minutes environ (surtout ne pas les laisser bouillir).
Les quenelles sont cuites lorsqu'elles se retournent sur elles-mêmes. Les sortir avec une louche à écumer, égoutter et poser dans un saladier préchauffé.

Les quenelles de pomme de terre sont très appréciées en Allemagne et servent souvent à accompagner toutes sortes de mets à base de viande et en sauce.

8 Semmeln (1 Tag alt!)
3/8 l heiße Milch
3 Eier
Salz
1 kleingeschnittene, geröstete Zwiebel und 1 Bund feingewiegte Petersilie

Semmelknödel

Die Semmeln in kleine Würfel schneiden, mit heißer Milch überbrühen und zugedeckt ziehen lassen. Die Semmeln (Brötchen) in einem Küchentuch leicht ausdrücken, mit den übrigen Zutaten zu einem nicht zu weichen Teig verarbeiten.
Falls nötig, etwas Mehl oder Semmelbrösel zugeben. Knödel formen, ins kochende Wasser legen und zugedeckt ca. 20 Minuten leicht ziehen lassen.
Wenn sie sich drehen, sind sie fertig.

8 petits pains (vieux d'une journée!)
3/8 de litre de lait chaud
3 œufs
sel
1 oignon haché et doré dans du beurre
1 bouquet de persil haché finement

Quenelles à base de pain

Couper les pains en petits dés, chauffer le lait, le verser sur les dés de pain, laisser gonfler à couvert et les presser.
Ajouter les autres ingrédients et pétrir le tout pour obtenir une pâte pas trop molle.
Ajouter si nécessaire de la farine ou de la chapelure. Former des boules du volume d'un gros œuf. Les laisser cuire et gonfler dans de l'eau bouillante environ 20 minutes.
Quand elles se retournent sur elles-mêmes, les quenelles sont cuites.

Apfelkuchen „Großmutters Art“

250 g Butter
5 Eier
350 g Mehl
2 kg Äpfel
250 g Zucker
1 Vanillezucker
1 Backpulver

Zuckerglasur:
150 g Puderzucker
1 - 2 EL Wasser
Zitronensaft

Die Äpfel schälen, das Kerngehäuse entfernen, in feine Streifen schneiden.
Die Butter schaumig rühren, Eier, Zucker, Vanillezucker zugeben und gut verrühren. Das Mehl mit Backpulver mischen und einmelieren.
Die Apfelstreifen unter den Teig heben, die Mischung auf ein mit Backpapier belegtes Backblech streichen und bei 200 - 220° C ca. 30 Minuten backen.

Zuckerglasur:
Puderzucker, Wasser und ein paar Tropfen Zitronensaft zu einer mittleren Konsistenz schaumig rühren und auf den heißen Kuchen streichen.

Gâteau aux pommes « Grand'Mère »

250 g de beurre
5 œufs
350 g de farine
2 kg de pommes
250 g de sucre
1 paquet de sucre vanillé
1 paquet de levure boulangère

Couverture :
150 g de sucre glace
1 à 2 c. à soupe d'eau
jus de citron

Eplucher les pommes, en ôter les coeurs et les couper en fines lamelles.
Faire fondre le beurre, le battre en mousse.
Ajouter les œufs, le sucre et le sucre vanillé et bien mélanger. Ajouter la farine et la levure et mélanger de nouveau. Y mettre les pommes en dernier.
Etaler la pâte ainsi obtenue sur une plaque à four. Y mettre à cuire pendant environ 30 minutes à 200°/220° C.

Couverture de sucre glace :
Badigeonner le gâteau avec un mélange de sucre glace et d'eau froide agrémentée de quelques gouttes de jus de citron, alors que le gâteau est encore chaud.

Apfelküchерl

4 große Äpfel
2 EL Rum oder Calvados
Zucker

Teig:
120 g Mehl
1/8 l Weißwein oder Bier
1 EL Öl
2 Eigelb
2 Eiweiß
1 Prise Salz

500 g Öl zum Backen

Die Äpfel schälen, entkernen und in 1 cm dicke Scheiben schneiden, mit Zucker bestreuen, mit Rum oder Calvados beträufeln.
Mehl, Wein oder Bier, Eigelb, Öl und eine Prise Salz in eine Teigschüssel geben und zu einem glatten Teig vermengen. Der Teig muss dickflüssig sein.
Unmittelbar vor Verwendung des Teiges den mit Zucker ausgeschlagenen Schnee vorsichtig unter den Teig ziehen.
Die Apfelringe in den Teig tauchen, im heißen Fett schwimmend goldbraun backen, abtropfen lassen, mit Zucker bestäuben und servieren.

Beignets aux pommes

4 grosses pommes
2 c. à soupe de rhum ou de Calvados
sucre

Pour la pâte:
120 g de farine
1/8 litre de vin blanc ou de bière
1 c. à soupe d'huile
2 jaunes d'œuf
2 blancs d'œuf
1 pincée de sel

500 g d'huile pour la friture

Peler et vider les pommes. Les couper en tranches de 1 cm d'épaisseur, saupoudrer de sucre, arroser de rhum ou de Calcados.
Mélanger la farine, le vin ou la bière, l'huile et une pincée de sel dans un grand récipient de pâtissier et remuer jusqu'à obtenir une pâte épaisse.
Ajouter le blanc d'œuf battu en neige avec un peu de sucre, juste avant la cuisson.
Tremper les rondelles de pommes dans la pâte, puis les faire frire dans l'huile chaude.
Après cuisson, égoutter sur du papier torchon. Saupoudrer les beignets encore chauds de sucre glace.

Quarkknödel mit Früchten

120 g Butter
geriebene Zitronenschale (unbehandelt)
1 Prise Salz
2 Eier
500 g Quark
300 g Mehl
20 Aprikosen oder Zwetschgen
20 Würfelzucker
Butter
Semmelbrösel

Butter, Zitronenschale und Salz schaumig rühren. Nach und nach versprudelte Eier unterrühren, dann Quark und Mehl einarbeiten. 20 Minuten ruhen lassen.
Die Früchte bis zur Hälfte einschneiden, den Kern entfernen und durch Würfelzucker ersetzen.
Aus dem Teig eine Rolle formen, dicke Scheiben schneiden, die Früchte in Teig einwickeln und Knödel formen.
Im heißen Salzwasser 20 Minuten ziehen lassen. Gut abtropfen lassen. Butter in einer großen Pfanne mit Semmelbrösel hellbraun rösten und die Knödel darin rollen.
Mit Puderzucker bestreuen und warm servieren.

Ist der Teig zu fest, etwas Ei zugeben; ist der Teig zu weich, etwas Mehl einarbeiten.

Schmecken auch kalt sehr gut.

Boulettes de fromage frais aux fruits

120 g de beurre
zeste de citron râpé (non traité)
1 pincée de sel
2 œufs
500 g de fromage frais
300 g de farine
20 abricots ou pruneaux
20 morceaux de sucre
beurre fondu chaud
chapelure

Battre le beurre avec le zeste de citron et le sel en mousse. Ajouter les œufs battus, le fromage et la farine. Laisser reposer 20 minutes.
Dénoyauter les fruits et remplacer les noyaux par des morceaux de sucre.
Rouler la pâte, découper des tranches assez épaisses et enrouler les fruits au milieu. Avec les tranches de pâte, former alors des boulettes.
Plonger les boulettes pendant 20 minutes dans de l'eau salée frémissante. Les sortir et bien égoutter.
Faire dorer les boulettes dans une poêle avec le beurre fondu et la chapelure.
Saupoudrer de sucre glace et servir chaud.

Si la pâte est trop épaisse, ajouter un peu d'œuf; si elle est trop molle, ajouter de la farine.

Se mangent aussi bien froides.

Teig:

300 g Butter
250 g Zucker
6 Eier
300 g Mehl
1,5 TL Backpulver
1 Prise Salz
1 Vanillezucker

Belag:

75 g Mandeln
75 g Zucker
1 TL Zimt
75 g Butter

Blitzkuchen

Butter schaumig rühren, nacheinander Zucker und Eier unterrühren.
Mehl, Backpulver, Vanillezucker und 1 Prise Salz dazurühren.
Teig 1 cm dick auf gefettetes Backblech streichen. Zucker, Zimt und geschnittene Mandeln darüberstreuen, Butterflöckchen daraufsetzen.
Bei 200° C ca. 15 - 20 Minuten backen.

Pour la pâte:

300 g de beurre
250 g de sucre
6 œufs
300 g de farine
1,5 c. à café de levure boulangère
1 prise de sel
1 sucre vanillé

Pour la garniture:

75 g d'amandes
75 g de sucre
1 c. à café de cannelle
75 g de beurre

Gâteau « éclair »

Faire fondre le beurre. Ajouter le sucre cuillerée par cuillerée, puis les 6 œufs, l'un après l'autre, tout en remuant.
Mélanger la farine et la levure, puis rajouter le sel et le sucre vanillé.
Graisser une plaque à four et y étaler la pâte, d'une épaisseur de 1 cm.
Saupoudrer la pâte de sucre, de cannelle et d'amandes coupées en bâtonnets fins. Parsemer de petits morceaux de beurre.
Temps de cuisson: 15 à 20 minutes à 200° C environ.

2 Äpfel
Zitronensaft
Butter für die Form

Fülle:
30 g Mandeln
30 g Rosinen
50 g Dörrpflaumen
3 EL Honig
Zitronensaft

Bratäpfel

Mandeln, Rosinen und Pflaumen werden gehackt und mit Honig und ein paar Tropfen Zitronensaft verrührt.
Äpfel waschen, aushöhlen, innen mit Zitronensaft beträufeln und an der Oberseite einschneiden.
Die Äpfel füllen, in die eingefettete Form geben und bei 200° C 15 - 20 Minuten im Backofen braten.

Kann man heiß oder kalt essen. Ausgekühlte Äpfel mit süßem Schlagrahm servieren.

2 pommes
jus de citron
Un peu de beurre pour le moule

Farce :
30 g d'amandes
30 g de raisins secs
50 g de pruneaux secs
3 c. à soupe de miel
jus de citron

Pommes au four

Concasser les amandes, les raisins et les pruneaux, mélanger avec le miel et quelques gouttes de jus de citron.
Bien laver les pommes et en ôter le cœur avec un vide-pommes, sans les perser entièrement.
Donner quelques gouttes de jus de citron dans les pommes évidées. Inciser leur partie supérieure.
Remplir le creux des pommes avec la farce et faire cuire au four à 200° C 15 à 20 minutes.

Les pommes se mangent chaudes ou froides. Les servir avec de la crème Chantilly un peu sucrée.

Bayerische Crème

0,5 l Milch
100 g Zucker
20 g Gelatine
5 Eigelb
Vanillezucker
0,5 l Sahne

Milch, die Hälfte des Zuckers, Gelatine, Eigelb und Vanille unter Rühren erhitzen (nicht kochen), vom Herd nehmen und so lange rühren, bis sie kalt ist.
Eiweiß mit dem restlichen Zucker zu Schnee schlagen und mit der geschlagenen Sahne in die Creme einrühren.
In kalt ausgespülte Förmchen füllen und mindestens 2 - 3 Stunden in den Kühlschrank stellen.
Die Crème nach dem Stürzen mit beliebiger Sauce, Erdbeer-, Heidelbeer- oder Nusssauce und geschlagener Sahne anrichten.

Durch Beigabe von Fruchtmark, Likören, geriebenen Nüssen oder Schokolade (bevor man den Eischnee und den Schlagrahm einrührt), kann man die Crème variieren.

Crème Bavaroise

0,5 litre de lait
100 g de sucre
20 g de gélatine
5 jaunes d'œufs
sucre vanilé
0,5 litre de crème

Faire chauffer le lait avec la moitié du sucre, la gélatine et la vanille. Fouetter légèrement pour obtenir un mélange mousseux. Retirer du feu, remuer jusqu'à refroidissement.
Battre le blanc d'œuf avec le reste du sucre en neige et l'incorporer, avec de la crème Chantilly, à la crème Bavaroise.
Remplir de cette préparation des petits moules rincés à l'eau froide et les mettre au réfrigérateur pour 2 à 3 heures.
Renverser les moules et arroser de coulis de fraises, de noix ou autres, à votre goût, avec de la crème Chantilly.

Si vous ajoutez une pâte de fruits, une liqueur, des noix en poudre ou du chocolat (avant d'incorporer le blanc d'œuf), vous pouvez varier goût et consistance de la crème bavaroise.

Gelbe-Rüben-Torte

7 Eier
300 g Zucker
300 g feingeriebene gelbe Rüben
300 g geriebene Mandeln
Schale von 1 - 2 Zitronen (unbehandelt)
3 TL Zimt
3 EL Rum
75 g Mehl
1 TL Backpulver

Die Eier mit dem Zucker schaumig schlagen, um eine feste Masse zu bekommen.
Die übrigen Zutaten vorsichtig untermischen.
Die Masse in eine mit Pergamentpapier ausgelegte Springform füllen, bei 175 - 195° C etwa 60 Minuten backen.
Nach dem Erkalten mit Puderzucker bestäuben.

Gâteau aux carottes

7 œufs
300 g de sucre
300 g de carottes râpées finement
300 g d'amandes râpées
zestes d'un ou deux citrons (non traités)
3 c. à café de cannelle
3 c. à soupe de rhum
75 g de farine
1 c. à café de levure boulangère

Fouetter les œufs et le sucre de façon à obtenir un mélange bien ferme.
Rajouter les autres ingrédients avec précaution.
Prendre un moule recouvert de papier sulfurisé et y mettre le mélange.
Faire cuire au four à 175° - 195° C pendant une heure.
Recouvrir de sucre glace après refroidissement.

Großmutters Apfelspeise

6 mittelgroße Äpfel
Zucker
Zitronenschale (unbehandelt)

Karamelsauce:
160 g Zucker
1/8 l Wasser
1/2 l Milch
20 g Vanillecremepulver
2 Eigelb

Äpfel schälen, der Länge nach halbieren, Kerngehäuse sorgfältig entfernen, in Zuckerwasser mit Zitronenschale dünsten, aber nicht zerfallen lassen.
Auf einer Platte anrichten, die warme Karamelsauce darüber gießen und gleich servieren.

Karamelsauce:
Zucker hellbraun schmelzen und mit Wasser löschen.
Milch mit Vanillecremepulver und Eigelb glattrühren, mit der Zuckermasse einkochen und abseihen.

Plat aux pommes « Grand'Mère »

6 pommes de taille moyenne
sucre
zeste de citron (non traité)

Sauce caramel:
160 g de sucre
1/8 de litre d'eau
1/2 de litre de lait
20 g de poudre de crème vanillée
2 jaunes d'œuf

Eplucher, puis couper les pommes en quatre, épépiner soigneusement. Faire cuire dans de l'eau sucrée à laquelle vous aurez ajouté le zeste de citron. Veiller à ce que les pommes restent fermes.
Les dresser sur le plat de service et napper avec la sauce à la vanille.
En dernier lieu arroser de sauce caramel vanillée.

Pour faire la sauce caramel :
Faire revenir le sucre dans une casserole. Verser rapidement un peu d'eau pour délayer. Ajouter et remuer le lait, la poudre de crème vanillée et les jaunes d'œuf. Terminer la cuisson avec le sucre caramélisé.

Hasenöhrl

100 g Mehl
50 g Butter
1 Ei
Salz
1 EL saurer Rahm
Öl zum Backen

Aus den Zutaten einen Teig kneten und ca. 30 Minuten ruhen lassen.
Den Teig ca. 3 bis 5 mm dick ausrollen, mit dem Küchenrad verschobene Vierecke ausradeln.
In der Mitte der Länge nach einen Einschnitt machen, einen Zipfel durchziehen, sofort im Fett schwimmend ausbacken.

Werden gern als Fleischbeilage oder als Hauptgericht mit Salat oder Sauerkraut oder auch als Nachtisch mit Zimt und Zucker bestreut serviert.

« Oreille de lièvre »

100 g de farine
50 g de beurre
1 œuf
sel
1 c. à soupe de crème fraîche
huile pour la friture

Mélanger les ingrédients sur une planche à pâtisserie et faire une pâte que vous laisserez reposer pendant 30 minutes.
Etaler la pâte de l'épaisseur d'environ 3 à 5 mm.
Découper des petits rectangles avec la roulette à pâtisserie, puis pratiquer une fente dans le milieu de chaque rectangle.
Faire passer un coin du rectangle par cette fente et mettre immédiatement à la friture.

Ces « oreilles » se servent avec une viande ou même comme repas principal accompagnées de salade ou de choucroute.

En tant que dessert, on les saupoudre de sucre et de cannelle.

Münchner Apfelstrudel

Strudelteig:

250 g Mehl
1 EL Öl, 1 Ei, 1 Prise Salz
1/8 l lauwarmes Wasser

Fülle:

750 g Äpfel (säuerlich)
40 g Rosinen
1 Zitrone
8 EL zerlassene Butter
0,25 l saurer Rahm
100 g Zucker
Zimt

Milchmischung:

0,25 l Milch, 2 EL Sahne, 60 g Zucker, 10 g Butter und eine Prise Salz aufkochen.

Mehl, Öl, Ei, Salz und lauwarmes Wasser zu einem geschmeidigen Teig kneten, 2 Kugeln formen, mit Öl bestreichen und 30 Minuten ruhen lassen. Sie können natürlich auch einen fertigen Strudelteig verwenden, den es mittlerweile in ausgezeichneter Qualität im Handel gibt.
Äpfel waschen, schälen und grob reiben, mit Zitronensaft und gewaschenen Rosinen mischen.
Den Teig auf einem mit Mehl bestäubten großen Tuch ausrollen und dann mit den bemehlten Handrücken so dünn wie möglich ausziehen.
Die zerlassene Butter und die saure Sahne auf dem Strudelteig verteilen, mit den Äpfeln 2/3 des Teiges belegen, mit Zucker und Zimt bestreuen.
Das Tuch mit dem Teig anheben und zusammenrollen, in eine große gebutterte Bratreine gleiten lassen, die zweite Teighälfte ebenfalls füllen und neben die erste plazieren, mit weicher Butter bestreichen.
45 - 60 Minuten (180° C) im Ofen goldbraun backen, nach 30 Minuten Backzeit mit der heißen Milchmischung begießen, den Strudelrand mit einer Gabel lockern, damit die Flüssigkeit ganz eindringen kann. Vor dem Servieren mit Puderzucker bestreuen.

Ottilienkuchen

250 g Butter
200 g Zucker
4 Eier
2 EL Rum
Salz
200 g Mehl
1 TL Backpulver
50 g Speisestärke
100 g Schokolade, klein - geraspelt

Alle Zutaten zu einem Rührteig verarbeiten und in eine Kastenform geben.
Bei 165 -175° C ca. 65 - 85 Minuten backen.

Chaussons aux pommes « Munich »

Pâte :
250 g de farine
1 c. à soupe d'huile
1 œuf, 1 pincée de sel
1/8 litre d'eau tiède

Farce :
750 g de pommes
40 g raisins secs
1 citron
8 c. à soupe de beurre fondu
0,25 litre de crème liquide
100 g de sucre, cannelle

Mélange de lait :
Faire cuire 0,25 litre de lait, 2 c. à soupe de crème, 60 g de sucre, 10 g de beurre et 1 pincée de sel

Faire une pâte avec la farine, l'huile, les œufs, l'eau tiède et le sel. Laisser reposer la pâte, puis la couper en 2 portions égales, les badigeonner d'huile et laisser reposer 30 minutes.

Laver les pommes, les éplucher et les râper grossièrement, les mélanger au jus de citron et les raisins secs que vous aurez fait gonfler la veille dans de l'eau et du sucre.
Etaler la pâte sur un torchon fariné. Tirer la pâte avec les mains enduites de farine aussi large que possible. Recouvrir la pâte étalée avec la moitié du beurre fondu mélangé à la crème. Avec les pommes couvrir 2/3 de la pâte déroulée, saupoudrer de sucre et de cannelle. De même pour la deuxième portion de pâte.
Rouler ensuite le tout en soulevant le torchon avec précaution, puis mettre chaque chausson dans un plat à four bien beurré.
Faire cuire à 180° C pendant 45 à 60 minutes, jusqu'à ce que les chaussons aient pris une couleur dorée.
Verser le mélange de lait sur les chaussons après 30 minutes de cuisson. Faire des trous dans la pâte avec une fourchette pour permettre au liquide de pénétrer. Saupoudrer de sucre glace avant de servir.

Gâteau « Ottilien »

250 g de beurre
200 g de sucre
4 œufs
2 c. à soupe de rhum
sel
200 g de farine
1 c. à café de levure boulangère
50 g dc maïzena
100 g de petits morceaux de chocolat

Mélanger et travailler le tout en une pâte. Mettre la pâte dans un moule à gâteaux long.
Enfourner et faire cuire pendant 65 à 85 minutes à 165°/175° C environ.

Kaiserschmarrn

120 g Mehl
ca. 0,25 l Milch
30 g Zucker
1 Prise Salz
4 Eigelb
4 Eiweiß
30 g Rosinen
50 g Butter

Mehl mit Milch, Salz, Zucker und Eigelb zu einem glatten dickflüssigen Teig verarbeiten. Eiweiß steif schlagen und unterheben.
In einer Pfanne Butter erhitzen, den Teig hineingeben und mit Rosinen bestreuen. Mit einem schaufelförmigen flachen Löffel die Ränder losheben. Hat der „Schmarrn" unten Farbe angenommen, so teilt man ihn in der Mitte kreuzweise und dreht je ein Viertel mit dem flachen Löffel um.
Erst wenn der Schmarrn auf beiden Seiten Farbe zeigt, reißt man ihn in kleine Stücke.
Mit Puderzucker überstreuen und mit beliebigem Kompott oder Apfelmus servieren.

« Kaiserschmarrn » (la « bêtise de l'Empereur »)

120 g de farine
environ 0,25 litre de lait
30 g de sucre
1 prise de sel
4 jaunes d'œufs
4 blancs d'œufs
30 g de raisins
50 g de beurre

Mélanger la farine avec le lait, le sel, le sucre et les jaunes d'œufs pour en faire une pâte épaisse. Fouetter les blancs d'œufs en neige et les rajouter à la pâte.
Faire chauffer le beurre dans une poêle, y poser la pâte et verser les raisins dessus.
A l'aide d'une spatule décoller doucement la pâte des bords de la poêle. Quand la pâte a pris une belle couleur en dessous, la partager en quatre. Retourner chaque quart séparément.
Lorsque l'autre côté de la pâte est aussi bien doré, « déchirer » la pâte en petits morceaux irréguliers.
Mettre les morceaux sur un plat, saupoudrer de sucre glace et servir avec de la compote de fruits ou de pommes.

Napoleon-Kuchen

6 Eigelb
200 g Zucker
6 Eiweiß
100 g Mehl
50 g Speisestärke
50 g Kakaopulver
80 g gehackte Mandeln
1/2 TL Zimt
1/2 TL gemahlene Nelken
1 Prise Salz
2 EL Cognac
80 g Butter
100 g Schokoladenglasur
2 EL gehackte Pistazien

Eigelb mit 100 g Zucker schaumig rühren. Eiweiß mit dem restlichen Zucker steif schlagen.
Mehl, Stärke, Kakao sieben, mit den Mandeln, Zimt, Nelkenpulver und Salz mischen, mit dem Eischnee und dem Cognac unter die Eigelbmasse heben. Die Butter zerlassen und lauwarm unter den Teig ziehen.
In eine gefettete Rehrücken- oder Kastenform füllen. Backzeit 55 Minuten bei 200° C.
Den erkalteten Kuchen mit Schokoladenglasur bestreichen.

Gâteau Napoléon

6 jaunes d'œufs
200 g de sucre
6 blancs d'œufs
100 g de farine
50 g de maïzena
50 g de poudre de cacao
80 g d'amandes pilées
1/2 c. à café de cannelle
1/2 c. à café de clous de girofle moulus
1 prise de sel
2 c. à soupe de Cognac
80 g de beurre
100 g de couverture au chocolat
2 c. à s. de pistaches écrasées

Battre les jaunes d'œufs avec 100 g de sucre. Avec le sucre restant, battre les blancs d'œufs en neige. Ajouter aux jaunes d'œufs battus.
Mélanger la farine, le maïzena, le cacao, les amandes, la cannelle, le clou de girofle moulu et le sel. Ajouter ce mélange avec le blanc et le jaune d'œufs ainsi que le Cognac.
En dernier, rajouter le beurre fondu à la pâte obtenue.
Mettre le tout dans un moule à gâteaux, éventuellement strié, et enfourner à 200° C pour environ 55 minutes.
Laisser le gâteau refroidir. Recouvrir après avec le dressage au chocolat.

Nusskuchen

8 Eigelb
80 g Puderzucker
geriebene Zitronenschale (unbehandelt)
8 Eiweiß
120 g Kristallzucker
100 g Mehl
160 g feingeriebene Nüsse
40 g Kuchenbrösel (oder Semmelbrösel)

Eigelb mit Puderzucker und Zitronenschale schaumig rühren. Eiweiß mit Kristallzucker zu festem Schnee schlagen.

Die Hälfte des Schnees mit Mehl, Mandeln und Biskuitbröseln unter die Eiermasse mischen, und dann den restlichen Schnee unterziehen.

Die Masse in eine gefettete Kastenform füllen und bei 180° C ca. 1 Stunde backen.
Zum Schluss mit Puderzucker bestäuben.

Frisch schmeckt dieser Kuchen am besten.

Gâteau aux noix

8 jaunes d'œufs
80 g de sucre en poudre
zestes de citron râpé (non traité)
8 blancs d'œufs
120 g de sucre
100 g de farine
160 g de noisettes râpées finement
40 g de semoule de biscuit (ou chapelure)

Fouetter les jaunes d'œufs en mousse avec le sucre en poudre et les zestes de citron râpés, et les blancs d'œufs avec le sucre normal en neige.

Incorporer la moitié des blancs d'œufs en neige avec la farine, les amandes et la semoule de biscuit (ou chapelure) à la masse de jaunes d'œufs, et en dernier le reste des blancs d'œufs en neige.

Remplir cette pâte dans un moule à gâteaux beurré und l'enfourner à 180° C pour une heure. Saupoudrer à la sortie du four de sucre glace.

Ce gâteau se sert et se mange frais.

Prinzregententorte

Teig:
150 g Butter
30 g Puderzucker
1 TL Vanille
Zitronenschale (unbehandelt)
1 Prise Salz
5 Eigelb
5 Eiweiß
100 g Mehl

Füllung:
200 g Schokolade
220 g Zucker
300 g Butter
6 Eier
etwas Vanille

Teig: Butter, Puderzucker, Vanille und etwas Zitronenschale schaumig rühren, nach und nach das Eigelb einmengen. Eiweiß mit Zucker zu Schnee schlagen. Beide Massen vorsichtig mischen und das Mehl ebenfalls vorsichtig unterziehen. Aus dieser Masse 6 - 8 Böden backen, den schönsten Boden zum Glasieren reservieren.
Von der Masse, auf ein gefettetes, mit Mehl bestaubtes Ringblech (Ø 230 mm) ca. 5 mm dick aufstreichen. Bei (200° C) 10 Minuten backen. Boden mit einem Messer vom Backblech lösen.

Füllung: Dann schlägt man in einer Schüssel 6 Eier mit Zucker und Vanille so lange über Dampf, bis die Masse dicklich wird und mischt sie, ausgekühlt, mit der geschmolzenen Schokolade. Butter schaumig rühren, die erkaltete Creme unterrühren. Nun bestreicht man die einzelnen Böden und legt sie übereinander. Die Torte mit einer Schokoladenglasur überziehen.

Gâteau « Prince Régent »

Pour la pâte :
150 g de beurre
30 g de sucre glace
1 c. à café de vanille
Zeste de citron (non traité)
1 pincée de sel
5 jaunes d'œufs
5 blancs d'œufs
100 g de farine

Pour la crème :
200 g de chocolat
220 g de sucre
300 g de beurre
6 œufs entiers
une pincée de vanille

Pâte : Battre le beurre, le sucre et quelques zestes de citron en mousse, ajouter un à un les jaunes d'œufs. Battre les blancs d'œufs en neige. Mélanger les deux masses avec précaution en y incorporant la farine. De cette pâte faire 6 à 8 plaques, dont vous réserverez la plus belle pour la napper avec la couverture au chocolat.
Sur le fond d'un moule (Ø 230 mm) bien beurré et enfariné, étaler la pâte (5 cm d'épaisseur) et cuire au four à 200° C 10 minutes. Immédiatement après, détacher le gâteau du moule.

Crème : Battre les 6 œufs entiers au bain-marie avec le sucre jusqu'à ce que le mélange commence à épaissir. Battre le beurre ramolli jusqu'à ce qu'il devienne mousseux, et lui adjoindre la crème refroidie. Tartiner alors les plaques de biscuit avec la crème, les superposer et napper à la fin de couverture au chocolat.

250 g Mehl
1 Ei + 1 Eigelb
0,5 l Milch
2 EL Butter

Regenwürmer

Mehl, Ei und Eigelb auf dem Nudelbrett zu einem mittelfesten Teig verarbeiten und 1 Stunde ruhen lassen.
Aus dem Teig eine daumendicke Rolle formen und in nussgroße Teilchen schneiden. Diese rollt man mit beiden Händen zu langen, dünnen Würsten (Würmer) aus und lässt sie 30 Minuten trocknen.
Dann in einem weiten Topf die Milch und 2 EL Butter aufkochen, die Würmer unter Rühren hineingeben und solange kochen, bis die Milch eingekocht ist.
In einer Pfanne 60 g Butter und 2 EL Zucker goldbraun anrösten. Die Würmer dazugeben, ohne zu wenden, so lange braten, bis sie eine Kruste bekommen.

250 g de farine
1 œuf entier
1 jaune d'œuf
0,5 litre de lait
2 c. à soupe de beurre

Gâteau « vers de terre »

Mélanger la farine, l'œuf entier et le jaune d'œuf sur une planche de pâtissier et les travailler pour former une pâte qu'on laisse après reposer 1 heure.
Prendre des morceaux de pâte de la grosseur d'une noisette et les allonger en les roulant (d'où: « vers »). Les laisser sécher 30 minutes.
Faire bouillir le lait avec le beurre. Verser les morceaux de pâte en forme de vers de terre dans le lait et remuer.
Laisser cuire doucement jusqu'à évaporation du lait.
Dans une poêle faire revenir 60 g de beurre et 2 c. à soupe de sucre jusqu'à ce que le mélange soit doré.
Ajouter ensuite les « vers de terre » sans tourner. Les laisser devenir croustillants.

Rohrnudeln

250 g Mehl
1 Prise Salz
1/8 l Milch
1 Ei
30 g Butter
25 g Zucker
10 g Hefe
abgeriebene Zitronenschale (unbehandelt)
Zucker und Zimt
***Zum Backen:** Butterschmalz*

Rohrnudeln gibt es in verschiedenen Varianten, z.B. mit Marmeladenfüllung oder als Zwetschgennudeln: Größere Nudel formen, in die Mitte 1 - 2 entkernte Zwetschgen mit Zimt und Zucker geben. Weiter wie im Grundrezept.

Hefe mit etwas Zucker und 1 EL lauwarmer Milch verrühren.
Mehl in eine Schüssel geben, in der Mitte eine kleine Grube drücken und die angerührte Hefe reingeben und so lange zugedeckt gehen lassen, bis die Hefe sich verdoppelt hat. Butter, Zucker, Salz, Zitronenschale, Ei und restliche Milch zum Mehl dazugeben und alles gut mit einem Teiglöffel schlagen, bis er Blasen wirft und sich von der Schüssel löst.
Nochmals gehen lassen. Erneut kneten. Mit einem Esslöffel Teig abstechen und zu kleinen Nudeln formen, in einen Bräter geben, in der zerlassenen Butter wenden, nicht zu eng setzen, 20 Minuten gehen lassen.
Bei mittlerer Hitze goldbraun backen, auf einen Rost stürzen, mit Zucker und Zimtgemisch bestreuen. Wenn sie kalt sind, auseinanderreißen.

« Rohrnudeln » (nouilles au four)

250 g de farine
1 pincée de sel
1/8 de litre de lait
1 œuf
30 g de beurre
25 g de sucre
10 g de levure alsacienne
Zeste de citron (non traité)
sucre et cannelle
***Pour frire :** beurre fondu*

On peut aussi remplir avec de la confiture : loger 1 c. à café de confiture au milieu des boulettes et continuer comme décrit dans la recette de base. Avec des pruneaux dénoyautés : les placer avec de la cannelle et du sucre au milieu des nouilles, continuer comme décrit dans la recette de base.

Faire diluer la levure avec un peu de sucre et 1 c. à soupe de lait tiède.
Mettre la farine dans une saladière, creuser dans le milieu un creux et y verser la levure diluée avec le lait tiède. Couvrir et laisser reposer jusqu'à ce que la levure ait doublé son volume. Ajouter à la farine le beurre, le reste du sucre, le sel, le zeste de citron, l'œuf et le reste de lait.
Bien pétrir le tout avec une cuillère en bois, jusqu'à ce que la pâte dégage des bulles et se détache bien du fond de la saladière. Laisser lever.
Pétrir de nouveau et former de petites boulettes que vous déposerez dans un plat allant au four, mais pas trop serrées. Verser le beurre fondu sur les boulettes, les retourner avec précaution. Laisser lever encore 20 minutes. Faire cuire les nouilles au four jusqu'à ce qu'elles soient dorées. Retourner le plat et saupoudrer de sucre et de cannelle. Les séparer quand elles ont refroidi.

Sachertorte

Für die Torte:
130 g Butter
6 Eigelb, 6 Eiweiß
130 g Mehl
40 g Puderzucker
180 g Kristallzucker
130 g geriebene schwarze Schokolade
1 Päckchen Vanille
1 Prise Salz
Aprikosenkonfitüre

Sacherglasur:
300 g Zucker, 250 g Schokolade und 120 g Wasser unter ständigem Rühren erhitzen. In ein anderes Gefäß durchseihen. Die Glasur muß eine dickflüssige Konsistenz erreichen.

Weiche Butter mit dem Puderzucker, der Vanille und dem Salz schaumig rühren, dann nach und nach Eigelb zugeben und die weiche Schokolade einrühren.
Eiweiß mit Kristallzucker zu Schnee schlagen und unter die Buttermasse mengen. Mehl vorsichtig einmelieren.
In eine leicht gefettete Tortenform (230 mm Durchmesser) geben und bei 210° C vorbacken. Nach 20 Minuten die Temperatur auf 170° C reduzieren und weitere 40 Minuten fertigbacken.

Die Masse nach dem Auskühlen aus der Form nehmen, einmal durchschneiden und dünn mit Aprikosenkonfitüre füllen. Dann den zweiten Teil der Torte wieder draufsetzen und oben mit heißer Aprikosenkonfitüre dünn bestreichen. Danach mit Sacherglasur überziehen, portionieren und mit Sahne servieren.

Tarte au chocolat « Sacher »

Pour la tarte :
130 g de beurre
6 jaunes d'œufs
6 blancs d'œufs
130 g de farine
40 g de sucre en poudre
180 g de sucre
130 g chocolat noir râpé
1 sachet de vanille
1 prise de sel
confiture d'abricot

Préparation de la couverture manière «Sacher» :
Chauffer 300 g de sucre, 250 g de chocolat dans 120 g d'eau en remuant continuellement. Passer dans un récipient. Frapper la masse pour qu'elle atteigne une bonne consistance.

Battre le beurre ramolli avec le sucre en poudre, la vanille et le sel pour en faire une masse mousseuse, puis ajouter un à un les jaunes d'œufs. Laisser couler le chocolat fondu dans la masse et remuer.
Battre les blancs d'œufs et le sucre en neige, et incorporer cette neige dans la masse de beurre et de jaunes d'œufs. Ajouter doucement la farine und remuer sans former de grumeaux.
Mettre dans un moule beurré rond d'environ 230 mm Ø et enfourner à 210° C. Après 20 minutes réduire la température à 170° C et continuer la cuisson pour 40 minutes. Sortir la tarte et ouvrir le moule après qu'elle ait pu refroidir. La découper en deux parties et étaler une couche de confiture d'abricot sur la partie inférieure. Remettre la partie « chapeau » et badigeonner avec de la confiture d'abricot, cette fois réchauffée. Napper avec une couverture à la « Sacher ». Les portions de tarte se servent accompagnées de crème Chantilly battue.

Saftiger Kaffeekuchen

500 g Zucker
250 g Butter
1 Vanillezucker
5 Eier
375 g Mehl
65 g Kakao
1 Backpulver
1/4 l schwarzer Kaffee
65 g grobgeschnittene Mandeln

Zucker, Butter, Vanillezucker schaumig rühren.
Eier einzeln einrühren.
Mehl, Kakao, Backpulver mischen und abwechselnd mit dem kalten Kaffee unterrühren.
Anschließend die Mandeln darunterheben.
In eine gut gefettete, ziemlich große Kastenform (oder in 2 kleinere) geben.
Bei 170 - 180° C 55 - 60 Minuten backen.

Gâteau moelleux au café

500 g de sucre
250 g de beurre
1 paquet de sucre vanillé
5 œufs
375 g de farine
65 g de cacao
1 sachet de levure boulangère
1/4 litre de café noir
65 g d'amandes grossièrement pilées

Travailler le sucre, le beurre et le sucre vanillé jusqu'à obtenir un mélange moelleux et mousseux.
Ajouter les œufs l'un après l'autre.
Mélanger la farine, le cacao et la levure.
Ajouter alternativement le café. Pour terminer ajouter les amandes.
Verser dans un moule à gâteaux beurré d'assez grande taille (ou mieux: dans deux moules plus petits).
Faire cuire 60 minutes à 170° - 180° C.

10 Semmeln
3/4 l Milch
1 Prise Salz
2 - 3 Eier
60 - 80 g Zucker
Zitronenschale (unbehandelt)
1 - 1,5 kg Äpfel
80 g Rosinen
80 g Butter

Variante: Scheiterhaufen mit Mandeln und Schneehaube

20 g geriebene Mandeln
3 Eiweiß
75 g Zucker für den Eischnee.

Scheiterhaufen

Semmeln in dünne Scheiben schneiden und 1 Tag trocknen lassen. Milch, Salz, Eier, Zucker und geriebene Zitronenschale verquirlen, die Hälfte davon über die Semmelscheiben gießen. Die Äpfel schälen, entkernen, in dünne Scheiben schneiden. Die Rosinen dazu geben. In eine gefettete Auflaufform abwechselnd eine Schicht der eingeweichten Semmeln, eine Schicht aus Apfelscheiben und Rosinen geben. Die Semmeln als oberste Schicht. Den Rest der Eiermilch darüber gießen, mit Butterflöckchen belegen und 30 - 45 Minuten im Rohr backen.

Variante:
Wie zuvor verfahren, jedoch mit Mandeln. Die Eiweiße mit dem Zucker zu steifem Schnee schlagen und nach dem Backen (35 Minuten, 180° C) auf den gebackenen Scheiterhaufen streichen.
Die Schneehaube bei 250° C rasch bräunen.

10 pains secs
0,75 litre de lait
1 prise de sel
2 à 3 œufs
60 à 80 g de sucre
zeste de citron (non traité)
1 à 1,5 kg de pommes
80 g de raisins secs
80 g de beurre

Variante intéressante : Bûcher bavarois aux amandes et chapeau de neige

20 g d'amandes grossièrement râpées (sans peau)
3 blancs d'œufs
75 g de sucre pour la « neige »

Bûcher bavarois

Couper les petits pains en tranches fines et les laisser sécher pendant une journée.
Mélanger le lait, le sel, les œufs, le sucre et le zeste de citron râpé, verser la moitié de ce mélange sur le pain.
Eplucher les pommes et les couper en tranches fines. Y ajouter les raisins secs.
Graisser un plat à gratin, y disposer par couches successives le pain ramolli et les pommes avec les raisins. La dernière couche se constitue de tranches de pain ramollies. Verser le reste du mélange de lait et d'œufs et ajouter quelques flocons de beurre.
Faire cuire au four pendant 30 à 45 minutes.

Variante : Préparer le bûcher en suivant la recette de base, mais en y incorporant des amandes. Enfourner à 180° C 35 minutes. Battre les blancs d'œufs et le sucre en neige, étaler un « chapeau » sur le bûcher après la cuisson au four. Remettre au four à feu vif (250° C) et laisser brunir brièvement.

150 g Butter
4 Eigelb
200 g gemahlene Haselnüsse
150 g Zucker
80 g geriebene Schokolade
4 Eiweiß
1 Glas entkernte Kirschen

Versunkener Kirsch-Nusskuchen

Butter, Zucker, Eigelb schaumig rühren.
Schokolade, Nüsse und steif geschlagenes Eiweiß vorsichtig unterziehen.
Die Masse in eine gefettete Springform (26 cm) füllen, mit den gut abgetropften, leicht bemehlten Kirschen belegen und bei 175° C auf der unteren Schiene ca. 60 Minuten backen.

150 g de beurre
4 jaunes d'œufs
200 g de noisettes moulues
150 g de sucre
80 g de chocolat râpé
4 blancs d'œufs
1 bocal de cerises dénoyautées

Gâteau aux cerises et noisettes « noyées »

Mélanger le beurre, le sucre, les jaunes d'œufs pour en faire une mousse homogène.
Battre les blancs d'œufs en neige et les mélanger prudemment avec le chocolat râpé et les noisettes moulues.
Mettre la masse obtenue dans un moule graissé (26 cm de diamètre), disposer les cerises bien égouttées et un peu farinées sur la masse et faire cuire au four à 175° C pendant environ 60 minutes.

Zwetschgendatschi

300 g Mehl
200 g Butter
100 g Zucker
2 Eigelb
1 - 2 kg Zwetschgen
geriebene Zitronenschale ,(unbehandelt)
1 TL Zimt
2 EL Zucker
1 - 2 Becher Schlagsahne

Mehl in eine Schüssel geben, in die Mitte eine Mulde drücken. Butterflöckchen, Zucker, Eigelb und Zitronenschale hineingeben und alles rasch zu einem Teig kneten.
1 Stunde zugedeckt im Kühlschrank ruhen lassen.
Zwetschgen waschen, halbieren, entsteinen und mit Zucker bestreuen, ca. 30 Minuten stehen lassen.
Den Teig ausrollen, auf ein Kuchenblech geben und dicht mit Zwetschgen belegen.
In den vorgeheizten (180° C) Backofen schieben und 25 - 30 Minuten backen. Zimt und Zucker mischen und auf den abgekühlten Kuchen streuen.

Um das ganze abzurunden, servieren Sie zum Datschi geschlagene Sahne.

Gâteau aux prunes (quetches)

300 g de farine
200 g beurre
100 g de sucre
2 jaunes d'œufs
1 - 2 kg de prunes
zestes de citron (non traité)
1 c. à café de cannelle
2 c. à soupe de sucre
1 gobelet de crème Chantilly

Tamiser la farine, faire un creux au milieu et y mettre le sucre, le jaune d'œuf et le zeste de citron haché. Ajouter le beurre coupé en petits morceaux et malaxer le tout rapidement pour obtenir une pâte bien homogène. Laisser reposer la pâte au réfrigérateur.
Pendant ce temps laver et dénoyauter les pruneaux, les couper en deux dans le sens de la longueur, les saupoudrer de sucre. Réserver 30 minutes.
Etendre la pâte en une couche mince, puis la poser sur une plaque à four. Recouvrir avec les pruneaux bien serrés.
Faire cuire pendant 25 à 30 minutes à 180° C et saupoudrer avec un mélange sucre-cannelle.

Servir, pour parfaire ce gâteu, avec de la crème Chantilly.

Französische Rezepte
Recettes françaises

INHALTSVERZEICHNIS • TABLES DES MATIÈRES

SUPPEN UND SAUCEN
SOUPES ET SAUCES

SALATE
SALADES

HAUPTGERICHTE
PLATS PRINCIPAUX

LÉGUMES
GEMÜSE

DESSERTS
SÜSSSPEISEN

Sauce „Aïoli"

4 Knoblauchzehen
2 Eigelb
Salz
Cayennepfeffer
6 EL Olivenöl
5 EL Sonnenblumenöl
1 - 2 EL Zitronensaft
2 EL Sahne

Den Knoblauch schälen, den Innenkern entfernen, und fein zerdrücken. Mit dem Eigelb verrühren. Salz und Cayenne-Pfeffer dazu geben. Das Olivenöl nach und nach langsam unter ständigem Rühren hinzufügen. Danach das Sonnenblumenöl und den Zitronensaft langsam, und gleichmäßig unterrühren, bis die Sauce dicklich wird.
Zum Schluß die Sahne unterrühren.

Sollte die Sauce gerinnen,

1 EL warmes Wasser unterrühren.

Sauce « Aïoli »

4 gousses d'ail
2 jaunes d'œufs
sel
poivre de Cayenne
6 c. à soupe d'huile d'olive
5 c. à soupe d'huile de tournesol
1 - 2 c. à soupe de jus de citron
2 c. à soupe de crème liquide

Eplucher l'ail, en enlever le cœur, et l'écraser. Mélanger avec les jaunes d'œufs. Saler et ajouter le poivre.
Laisser couler lentement l'huile d'olive, ensuite l'huile de tournesol et le jus de citron, jusqu'à ce que la sauce commence à épaissir.
Ajouter la crème à la fin.

Si la sauce commence à coaguler, ajouter une c. à soupe d'eau chaude et bien mélanger.

Sauce „Pistou"

3 Knoblauchzehen
3 EL Olivenöl
1 EL Tomatenmark
1 EL Parmesan gerieben
2 Stengel Basilikum
1 EL Semmelbrösel
Salz
Pfeffer aus der Mühle

Basilikumblätter zupfen, klein hacken. Die Knoblauchzehen schälen, den Innenkern entfernen. Zerdrücken. Dann Basilikum, Knoblauch, Tomatenmark, Parmesan und Semmelbrösel zusammenmischen. Mit Olivenöl unter ständigem Rühren binden. Mit Salz und Pfeffer würzen.

Für die Zubereitung gibt es viele Variationen. Manche Rezepte schreiben geschälte und zerdrückte Tomaten statt Tomatenmark vor, manche geben etwas frische Petersilie dazu, aber hauptsächlich wird bei den Mengen mit mehr oder weniger Knoblauch und mehr oder weniger Basilikum variiert.

Die Sauce können Sie zu Nudeln, Reis, Fleischgerichten und Suppen anbieten.

Pesto hält im Kühlschrank ziemlich lange, wenn Sie die Sauce in ein verschließbares Glas geben und mit Öl „versiegeln".

Sauce « Pistou »

3 gousses d'ail
3 c. à soupe d'huile d'olive
1 c. à soupe de concentré de tomate
1 c. à soupe parmesan râpé
2 branches de basilic
1 c. à soupe de chapelure
sel fin
poivre blanc du moulin

Effeuiller le basilic et le ciseler. Peler les gousses d'ail et bien les écraser.
Mélanger l'ail, le basilic, le concentré de tomate, le parmesan et la chapelure. Ajouter l'huile d'olive en filet, sans cesser de remuer. Saler et poivrer.

Il y a beaucoup de variations de pistou. Certaines recettes exigent des tomates pelées et concassées, d'autre prévoient du persil frais. Mais en principe il s'agit plutôt d'un peu plus ou d'un peu moins d'ail et de basilic.

Le pistou peut être servi avec des nouilles, du riz, des viandes, du poisson et des soupes.

Le pistou se garde bien au frais si vous le conservez dans un bocal en verre que vous « boucherez » avec un peu d'huile d'olive.

4 Knoblauchzehen
40 cl Olivenöl
1 Eigelb
2 rote Pimente
1 Prise Safran

„Rouille"

Verfahren wie für eine Majonäse: geschälte Knoblauchzehen in einem Mörser fein zerstoßen, mit den Pimenten, einer Prise Safran und mit einem Eigelb gut verquirlen, Olivenöl tropfenweise unterrühren, bis die Sauce etwas fester geworden ist.

In einer vorgewärmten Saucière servieren.

4 gousses d'ail
40 cl d'huile d'olive
1 jaune d'œuf
2 piments rouges
1 pincée de safran

Rouille

Monter comme pour une mayonnaise: écraser les gousses d'ail et les piments et la pincée de safran dans un mortier. Y ajouter le jaune d'œuf, laisser ensuite couler goutte par goutte 40 cl d'huile d'olive sur ce mélange et remuer jusqu'à ce que la rouile s'épaississe un peu.

Servir la rouille séparément dans une saucière que vous tiendrez chaude.

„Tapenade" (Olivenpaste)

5 Anchovisfilets
150 g entkernte schwarze Oliven
3 Knoblauchzehen
1 Glas Kapern
5 EL Olivenöl

Die Anchovisfilets 1 Stunde wässern, in einen Mörser geben. Die Knoblauchzehen schälen und mit den Kapern und den Oliven zerstampfen. Olivenöl unter ständigem Rühren nach und nach zu der Paste geben.

Die schwarze intensive Paste schmeckt in kleinen Mengen zu gegrilltem Fleisch oder Fisch, als Dip zu rohem Gemüse, zu gekochten Eiern oder auf geröstetem Weißbrot zum Aperitif.

Die Tapenade hält sich, kühl aufbewahrt, mehrere Wochen: in ein kleines Töpfchen füllen, mit Öl bedecken.

Tapenade

5 filets d'anchois
150 g d'olives noires dénoyautées
3 gousses d'ail
1 verre de câpres
5 c. à soupe d'huile d'olive

Mouiller les filets d'anchois dans de l'eau et laisser dessaler 1 heure. Mettre ensuite dans un mortier, y ajouter les gousses d'ail, les câpres, les olives et bien piler le tout. Vider le mortier, mettre les ingrédients pilés dans un petit récipient et ajouter l'huile d'olive presque goutte à goutte en remuant pour former une pâte onctueuse.

La tapenade va très bien, en petites quantités, avec de la viande ou du poisson grillés, comme accompagnement aux légumes, œufs ou sur des tranches de baguette grillées en appéritif.

Verser dans des petits moules, dont vous assurerez l'étanchéité à l'air avec une couche d'huile d'olive. Se garde plusieurs semaines au frais.

Provenzalische Suppe mit „Pistou"

500 g Tomaten
3 Zwiebeln
500 g grüne Bohnen
250 g gekochte Kartoffeln
125 g weiße Bohnen, möglichst frisch
2 EL Olivenöl
1,5 l Hühnerbrühe
Schnittlauch

Die Zwiebeln schälen und klein hacken. Die Tomaten enthäuten, in kleine Würfel schneiden. Die grünen Bohnen waschen, die Fäden entfernen und in zwei Stücke teilen. Die Kartoffeln schälen, waschen und würfeln. Die weißen Bohnen waschen.
2 EL Olivenöl erhitzen und darin die Zwiebeln glasig dünsten. Die Tomaten hinzufügen und mit den Zwiebeln gut vermischen. Mit der heißen Hühnerbrühe ablöschen. Die weißen Bohnen hinzugeben. Ca. 10 Minuten köcheln lassen.
Die grünen Bohnen und die gekochten Kartoffeln zum Schluß hinzugeben, 20 Minuten weiter kochen lassen. In einer Suppenschüssel anrichten und mit kleinen Schnittlauchringen bestreuen. Die Pistou-Sauce (siehe Rezept) zur Suppe extra servieren.

Soupe provençale au pistou

500 g de tomates
3 oignons
500 g de haricots verts
250 g de pommes de terre cuites
125 g de haricots blancs frais
2 c. à soupe d'huile d'olive
1.5 l de bouillon de volaille
ciboulette

Peler les oignons et les ciseler. Peler les tomates et les couper en morceaux. Effiler les haricots verts, les laver et les couper en deux. Éplucher les pommes de terre, les laver et les débiter en dés. Rincer les haricots blancs.
Faire fondre les oignons dans une poêle avec deux cuillerées à soupe d'huile. Verser les morceaux de tomates et bien mélanger. Mouiller avec le bouillon de volaille chaud. Ajouter les haricots blancs. Cuire, à couvert, sur feux moyen pendant 10 minutes.
Ajouter à la préparation les haricots verts et les pommes de terre déjà cuites. Continuer la cuisson pendant 20 minutes.
Servir dans une soupière. Ajouter de la ciboulette coupée finement. Servir la sauce „Pistou" (voir recette) à part.

Für die Bouillabaisse:

2 kg gemischte Fische (z.B. Rotbarbe, Petermännchen, Drachenkopf, Lotte, Daurade, Seeaal, Knurrhahn)
2 Zwiebeln
4 Knoblauchzehen
4 geschälte Fleischtomaten (nicht aus der Dose!)
8 Brotscheiben, getoastet und mit Knoblauch eingerieben
1 Bund frische Kräuter (Petersilie, Thymian, Lorbeerblatt)
1 kleines Stück Orangenschale (ungespritzt)
6 EL Olivenöl
1 - 2 g Safran
Salz
Pfeffer
Etwas Pastis oder Pernod

Dazu seviert man „Rouille", (Siehe Rezept).

„Bouillabaisse" (Fischsuppe, südfranzösisch)

Die Zwiebeln schälen, feine Würfel schneiden. In einem tiefen Schmortopf das Olivenöl langsam erhitzen, Zwiebelstückchen hineingeben und glasig dünsten.
Die ausgenommenen Fische, jeweils ohne Kopf, gründlich waschen, in größere Stücke schneiden, mit dem Olivenöl benetzen. Die geschälten, ganzen Knoblauchzehen dazu geben und 5 Minuten mit dünsten.
Die Tomaten, den Kräuterbund, die Orangenschale, den Safran, das Salz und den Pfeffer hinzufügen und sofort mit ausreichend heißem Wasser übergießen. Die Fische dürfen nicht aus dem Wasser herausragen. Bei starker Hitze ohne Topfdeckel ca. 20 Minuten kochen lassen.
Die Fische nach dem Kochvorgang herausnehmen, auf einer vorgewärmten Platte anrichten, gesondert zur Suppe servieren. Die restliche noch etwas flüssige Suppe leicht reduzieren und passieren.
Die Brotscheiben in die Suppenschüssel legen, dann die Suppe darüber gießen.
Geben Sie zum Schluss etwas Pastis oder Pernod in die Suppe, wenn Sie diese Art von Getränken mögen.

Die Bouillabaisse muss heiß serviert werden.

Es gibt zahlreiche Bouillabaisse-Rezepte. Dieses hier ist ein „Klassiker".

Sie können beispielsweise die Fischköpfe extra kochen. Sie erhalten damit einen zusätzlichen Fisch-Fond zum Strecken der Suppe. Dieser Fond schmeckt allerdings etwas „fischig", was nicht der Geschmack aller ist.

Pour la bouillabaisse :

2 kg de poissons variés (p.e. rascasse, vive, saint-pierre, congre, daurade, lotte, grondin)

2 oignons

4 gousses d'ail

4 tomates pelées fraîches (non en boîte de conserve !)

8 tranches de pain grillées et enduites d'un peu de pâte d'ail

1 bouquet garni (persil, thym, laurier)

1 zeste d'orange (bien sûr non traitée)

6 c. à soupe d'huile d'olive

1 - 2 g de safran

sel

poivre

un peu de pastis ou de Pernod

Servir une « rouille » avec la soupe (cf. recette particulière).

Bouillabaisse

Dans un faitout, faire chauffer doucement l'huile d'olive, y mettre à revenir les morceaux d'oignons, sans les brunir.
Ajouter les poissons vidés (sans têtes), lavés et coupés en tronçons. Bouger un peu le faitout pour bien faire passer l'huile sur les morceaux de poissons. Ajouter les gousses d'ail pelées entières et laisser revenir 5 minutes encore.
Mettre les tomates épépinées et coupées en morceaux, les aromates, le zeste d'orange, le safran, le sel et le poivre dans le faitout et recouvrir d'eau bouillante. Le niveau d'eau doit être tel que les poissons ne le dépassent pas.

Laisser cuire 20 minutes environ sans couvercle sur feu vif. A la fin de la cuisson dresser les poissons sur le plat de service préchauffé.
Faire réduire le jus de cuisson, le passer et le verser dans une soupière au fond de laquelle on aura disposé les tranches de pain.
Verser quelques gouttes de Pastis ou de Pernod dans la soupe, si vous en aimez le goût.

La bouillabaisse doit être consommée bien chaude.

Il y a bien sûr énormément de variations de bouillabaisse. Cette recette est plutôt « classique ».

Vous pouvez par exemple faire cuire les têtes séparément pour obtenir un fond de poisson supplémentaire qui servira à diluer la soupe, si besoin est. Ce jus a cependant un goût de poisson accentué, ce qui peut ne pas plaire à tout le monde.

2 kleine Zucchini
150 g grüne Bohnen
150 g Karotten
150 g Lauch
1 große, reife Fleischtomate
100 g Spaghetti oder Fadennudeln

Sie können die Suppe sofort mit der „Pistou"-Sauce mischen. Manche Südfranzosen bevorzugen es, etwas mehr Pistou zuzubereiten und Suppe und Pistou jeweils getrennt zu servieren. So kann jeder seine Menge Pistou in die Suppe geben und nach eigenem Geschmack würzen.

Nudelsuppe mit „Pistou"

Die Zucchini waschen und in ca. 1 cm dicke Scheiben schneiden.
Grüne Bohnen und den Lauch putzen, Karotten schälen, in kleinere Stück schneiden.
Alles in 1,5 Liter kochendes Wasser geben, salzen, pfeffern und 30 Minuten bei kleinem Feuer langsam köcheln lassen.
Danach die Nudeln in kleine Stücke brechen, die Tomate in kleine Stücke schneiden (vorher Haut und Kerne entfernen), und beides zum gekochten Gemüse geben. Weitere 10 - 15 Minuten köcheln lassen. Die Nudeln dürfen nicht zu weich werden. Die Fadennudeln brauchen etwas weniger Kochzeit!
Die Suppe darf nicht zu flüssig sein. Notfalls reduzieren.

Zur Suppe die Sauce „Pistou" servieren (siehe Rezept).

2 petites courgettes
150 g de haricots verts
150 de carottes
150 g de poireaux
1 grosse tomate bien mûre
100 g de spaghettis ou de - vermicelles

Vous pouvez incorporer le pistou tout de suite à la soupe, ou alors servir la soupe et le pistou séparément, ce que beaucoup de gens préfèrent, car il leur est alors possible de doser le pistou selon leur propre goût.

Soupe aux nouilles et au pistou

Laver les courgettes sans les peler et les couper en rondelles d'environ 1 cm d'épaisseur.
Laver et couper en petits cubes les haricots verts et les poireaux.
Eplucher les carottes et les couper en dés. Faire bouillir le tout dans un litre et demi d'eau.
Mettre ensuite dans l'eau bouillante, saler, poivrer. Laisser cuire à petit feu environ 30 minutes.
Après cette cuisson, casser les spaghettis en petits morceaux et les ajouter à la soupe, ainsi que la tomate pelée, épépinée et coupée en dés, et laisser cuire encore 10 à 15 minutes. Si vous préférer les vermicelles, n'oubliez pas que ce genre de nouilles cuit vite.
La soupe ne doit pas être trop liquide. Si nécessaire la réduire un peu. Servir avec la sauce „Pistou" (voir recette).

50 g Butter
350 g Zwiebeln
3 Knoblauchzehen
35 g Mehl
0,5 l heiße Gemüsebrühe
150 ml trockener Weißwein
frisch gemahlener schwarzer Pfeffer
Salz
1 Baguette
150 g geriebener Käse zum Gratinieren
Petersilie

Zwiebelsuppe

Die Butter in einem Topf erhitzen, die Zwiebeln schälen, in Ringe schneiden, hinzufügen.
Die Knoblauchzehen schälen, fein hacken, hinzufügen, ganz wenig glasig dünsten (nicht verbrennen!).
Mit Mehl bestäuben, anschwitzen und mit heißer Gemüsebrühe ablöschen. Den Weißwein hinzufügen und aufkochen.
Mit Pfeffer und Salz abschmecken und 10 Minuten bei mittlerer Hitze köcheln lassen.
Baguette-Scheiben toasten. Die Suppe in feuerfeste Suppentassen füllen. Brotscheiben vorsichtig drauflegen. Geriebenen Käse darüber streuen.
Im vorgeheizten Backofen bei 200° C ca.
10 Minuten überbacken. Petersilie waschen, trockentupfen, fein hacken, dekorativ über die Suppe streuen.
Mit den restlichen getoasteten Brotscheiben heiß servieren.

50 g de beurre
350 g d'oignons
3 gousses d'ail
35 g de farine
0,5 litre de bouillon
150 ml de vin blanc sec
poivre noir du moulin
sel
1 baguette
150 g de fromage à gratiner râpé
persil

Soupe à l'oignon

Chauffer le beurre dans une casserole, éplucher et couper les oignons en rondelles. Les mettre à dorer dans le beurre.
Eplucher les gousses d'ail, les hacher finement, les mettre aussi à dorer doucement (attention : ne pas les brûler !). Saupoudrer d'un peu de farine, faire brunir légèrement la sauce.
Mouiller ensuite abondamment avec le bouillon.
Ajouter le vin blanc et laisser bouillir. Saler, poivrer et laisser mijoter encore 10 minutes.
Griller des tranches de baguette. Remplir la soupe dans des bols allant au four, poser les tranches de pain sur la soupe, « boucher » avec le fromage.
Enfourner à 200° C pour 10 minutes environ.
Laisser gratiner.
Laver le persil, le hacher très finement et le disperser sur la soupe.
Servir avec le reste des tranches de baguette grillées.

Gefüllte Gurken

2 große Salatgurken
Salz
Pfeffer

Für die Fülle:
500 g Magerquark
4 EL Sahne
2 Schalotten
1 Knoblauchzehe
1 rote Paprikaschote
1 grüne Paprikaschote
2 kleine Karotten
2 Kästchen Kresse
1 TL Estragonsenf
Salz
Pfeffer

Die Salatgurken waschen, schälen (aber so, dass immer wieder ein grüner Streifen bleibt. Die Gurke sieht danach gestreift aus, abwechselnd hellgrün – dunkelgrün), der Länge nach halbieren, innen von den Kernen befreien, leicht salzen und pfeffern. Den Quark mit der Sahne cremig rühren. Die Schalotten und die Knoblauchzehen waschen, schälen, fein hacken.
Die rote und die grüne Paprikaschote waschen, entkernen und in winzige Würfel schneiden.
Die Karotten waschen, schälen und auf der Rohkostreibe fein raspeln.
Die Kresse abschneiden und abbrausen. Die Hälfte davon hacken und mit dem Gemüse unter den Quark mischen.
Alles mit Estragonsenf würzen und mit Salz und Pfeffer abschmecken.
Den Gemüsequark in die ausgehöhlten Gurken füllen und mit der restlichen Kresse garnieren.

Concombres farcis

2 grands concombres
sel
poivre

Pour la farce :
500 g de fromage frais
4 c. à soupe de crème fleurette
2 échalotes
1 gousse d'ail
1 poivron rouge
1 poivron vert
2 petites carottes
2 petits paquets de cresson
1 c. à café de moutarde à -l'estragon
sel
poivre

Laver les concombres, les peler (mais laisser toujours des petits filets verts plus ou moins sombres, ce qui fera très décoratif), les couper en deux dans le sens de la longueur, enlever les graines, saler, poivrer.
Mélanger et battre un peu le fromage frais et la crème. Éplucher et laver les échalotes ainsi que les gousses d'ail, les hacher finement.
Laver les poivrons, en enlever les graines et les couper en très petits dés.
Eplucher et laver les carottes, les râper finement.
Couper et nettoyer le cresson à l'eau fraîche. En hacher la moitié et le travailler avec les dés de poivrons, les échalotes, l'ail et les carottes dans le mélange fromage-crème.
Relever la farce ainsi obtenue avec la moutarde à l'estragon, saler, poivrer.
Remplir les concombres de cette farce et garnir du reste de cresson coupé aux ciseaux.

4 große Fleischtomaten
4 Knoblauchzehen
2 Bund Petersilie
Thymian
Rosmarin
3 - 4 EL Semmelbrösel
Salz
1 Eigelb
3 EL Olivenöl
frisch gemahlener Pfeffer
Parmesan, gerieben

Gratinierte Kräutertomaten

Die Fleischtomaten waschen, quer halbieren und in eine Auflaufform setzen.
Knoblauchzehen schälen, durchpressen, in eine Schüssel geben. Petersilie waschen, fein hacken und mit den Semmelbröseln, dem Eigelb und dem Olivenöl vermengen und hinzufügen.
Alles zu einer homogenen Masse vermischen, evtl. noch etwas Öl dazu geben. Mit Salz und Pfeffer würzen.
Mit Thymian und Rosmarin (beide frisch) großzügig abschmecken.
Paste auf die Tomaten verteilen, geriebenen Parmesan darauf streuen und im vorgeheizten Backofen bei 200° C 15 - 20 Minuten gratinieren (überwachen Sie den Garvorgang: sobald der Käse etwas geschmolzen ist, sind die Tomaten fertig).

4 grosses tomates
4 gousses d'ail
2 bouquets de persil
Thym
Romarin
3 à 4 c. à soupe de chapelure
sel
1 jaune d'œuf
3 c. à soupe d'huile d'olive
poivre du moulin
parmesan râpé

Gratin de tomates aux herbes

Laver les tomates, les couper en deux dans le sens horizontal. Eplucher les gousses d'ail, les presser et mettre dans un bol.
Laver le persil, le hacher finement et l'ajouter à l'ail avec la chapelure, le jaune d'œuf et l'huile d'olive.
Mélanger l'ensemble pour obtenir une masse bien homogène. Si nécessaire ajouter de l'huile. Saler, poivrer.
Ajouter généreusement le thym et le romarin (tous deux frais).
Disposer les moitiés de tomates dans un moule à gratiner, bien les remplir de la farce et saupoudrer de parmesan frais râpé.
Mettre au four préchauffé à 200° C pour 15 à 20 minutes (surveiller la cuisson: quand le fromage a quelque peu fondu, les tomates sont prêtes).

1 Romanasalat
4 Tomaten
1 Salatgurke
2 weiße Gemüsezwiebeln
2 Dosen Thunfisch
50 g schwarze Oliven
(ca. 20 Stück)
1 grüne Paprikaschote
4 hart gekochte Eier

Salat „Nizza"

Den Romanasalat putzen, waschen, in größere Stücke schneiden. Die Tomaten waschen und achteln, die Salatgurke waschen und in Scheiben schneiden. Die Zwiebeln schälen, in dünne Ringe schneiden. Den Thunfisch abtropfen lassen und zerpflücken. Die Oliven kurz in heißes Wasser tauchen, mit kaltem Wasser absprühen. Die Eier schälen, vorsichtig achteln und zum Schluss, d.h. wenn die Sauce über den Salat gegossen und das Ganze umgerührt wurde, dazu geben. Die Eier mit etwas Salz und, je nach Geschmack, mit wenig Pfeffer würzen.

Vinaigrette:
4 EL Olivenöl, 1 EL Zitronensaft (besser als Essig, auch wegen der Vitamine!), etwas Dijon-Senf, Salz und Pfeffer aus der Mühle und eine Note Knoblauch. Gut vermischen. Über den Salat geben. Umrühren.

Anderer Serviervorschlag:
In einer großen Schüssel, am besten aus Glas (man kann darin den Salat schön sehen) anrichten: Die Romanasalatblätter zuerst in die Schüssel geben (Schüsselrand), dann die Gurkenstückchen und die Tomaten, die Zwiebelringe und die Paprikastreifen. In die Mitte kommt der Thunfisch, die Oliven lose streuen und zum Schluss die Eier im Kreis rund um den Thunfisch legen.
In Südfrankreich werden auch gern Anchovis zum Salat gegeben. Wer sie mag, kann ca. 4 - 5 Stück hinzufügen, dekorativ drauf gelegt.
Den Salat nicht mit der Sauce würzen, sondern die Vinaigrette extra in einer Sauciere servieren. So kann jeder nach eigenem „Gusto" seinen Salat anmachen.

1 salade romaine
4 tomates
1 concombre
2 oignons doux blancs
2 boites de thon
50 g d'olives noires
(environ 20 olives)
1 poivron vert
4 œufs à la coque

Salade niçoise

Laver et nettoyer soigneusement la salade romaine, « arracher » les feuilles en taille moyenne.
Laver les tomates et les couper en huit.
Laver le concombre et le couper en rondelles. Eplucher les oignons et les couper aussi en rondelles fines. Egoutter le thon et le séparer.
Plonger les olives brièvement dans de l'eau chaude, les sortir et les laver dans de l'eau froide, les ajouter à la salade.
Couper avec précaution les œufs en quatre et ne les poser sur la salade qu'après avoir versé la sauce sur les autres ingrédients. Saler et poivrer un peu les morceaux d'œufs, selon votre goût.

Préparation de la vinaigrette :
4 c. à soupe d'huile d'olive, 1 c. à soupe de jus de citron (à préférer au vinaigre, déjà rien que pour les vitamines !), un peu de moutarde de Dijon, du sel, du poivre du moulin et un soupçon d'ail écrasé. Bien battre le tout comme il faut.
Verser sur la salade. Mélanger.

Autre recommandation de présentation :
Utiliser une grande saladière, de préférence en verre (on voit mieux la salade !). Disposer les feuilles de salade au bord de la saladière, mettre à l'intérieur les rondelles de concombre et les tomates en rangées, parsemer de rondelles d'oignons et de morceaux de poivrons. Introduire les paquets de thon au centre, disposer les quarts d'œufs tout autour. Si vous aimez les anchois, n'hésitez pas à en placer 4 ou 5 sur le bord en belle décoration.
Servir la vinaigrette séparément dans une saucière. Ainsi chacun pourra doser la sauce à son goût.

Salat provenzalisch

1 kleiner Kopfsalat (200 g)
350 g Tomaten
1 grüne Paprikaschote
1 Zwiebel (ca. 40 g)
je 1 EL grüne und schwarze Oliven
Artischockenböden nach Wunsch

Für die Marinade:
4 EL Olivenöl
2 EL Zitronensaft
1 Knoblauchzehe
Salz
schwarzer Pfeffer
1/2 TL Basilikum (frisch)

Den Kopfsalat putzen, waschen, abtropfen lassen, eine Platte mit den Außenblättern belegen (Dekoration).
Die Tomaten waschen, achteln. Die Paprikaschote halbieren, putzen, entkernen, waschen und in unterschiedlich breite und 3 cm lange Streifen schneiden. Zwiebel schälen, würfeln. Grüne und schwarze Oliven abtropfen lassen, entsteinen, in Streifen schneiden. Die Artischockenböden abtropfen lassen und in Streifen schneiden. Die restlichen Salatblätter grob schneiden. Alles zusammen in einer Schüssel mit der Marinade durchmischen und auf den Salatblättern anrichten.

Marinade:
Olivenöl mit dem Zitronensaft vermischen, die Knoblauchzehe zerdrücken, mit fein geschnittenem Basilikum zur Marinade geben, mit Salz und schwarzem Pfeffer würzen.

Salade provençale

Une salade de laitue (environ 200 g)
350 g de tomates
1 poivron vert
1 petit oignon (40 g environ)
1 c. à soupe d'olives vertes
1 c. à soupe d'olives noires
quelques fonds d'artichauts

Pour la sauce :
4 c. à soupe d'huile d'olives
2 c. à soupe de jus de citron
1 gousse d'ail
sel
poivre noir
1/2 c. à café de basilic frais

Laver et bien nettoyer la tête de laitue, l'égoutter, poser les grandes feuilles extérieures sur le plat en décoration. Laver les tomates, les couper en huit. Diviser le poivron en deux, en enlever les graines, le laver et le couper en tranches d'environ 3 cm de longueur. Eplucher l'oignon, le couper en petits dés. Laver les olives, les dénoyauter et les couper en lamelles. Egoutter les fonds d'artichauts et les couper aussi en lamelles. Mettre le tout dans une saladière. Ajouter les feuilles de laitue tranchées en morceaux (pas trop petits). Verser dans la saladière, mélanger le tout et dresser la salade sur les feuilles de laitue.

Marinade :
Fouetter l'huile d'olive et le jus de citron pour obtenir une sauce onctueuse; écraser la gousse d'ail et l'ajouter avec le basilic coupé finement à la marinade; saler, poivrer.

400 g Hackfleisch, gemischt aus Rind und Lamm (kann auch nur vom Rind sein)
2 Tomaten
2 Zucchini
1 Paprikaschote
2 Stengel Sellerie
2 Zwiebeln
1 Knoblauchzehe
Petersilie
Kräuter der Provence
3 EL Olivenöl
1 EL Butter
Salz
Pfeffer aus der Mühle

Hackfleisch provenzalisch

Öl und Butter (zusammen!) in einer Pfanne erhitzen, das Hackfleisch mit etwas zerstoßenen Kräutern der Provence mischen, darin braten.
Die Tomaten enthäuten und entkernen, klein schneiden; die Zucchini waschen, abtupfen und in runde Scheiben schneiden; die Paprikaschote waschen, innen säubern, in dünne Streifen schneiden.
In einer anderen tieferen Pfanne die klein gehackten Zwiebeln in Olivenöl glasig anbraten, dann das Gemüse dazu geben und knackig garen.
Das gebratene Hackfleisch dazu geben und durchmischen.
Die Knoblauchzehe schälen, durchpressen, zum Schluß mit Salz, Pfeffer und gehackter Petersilie unter das Fleisch mischen.

Sofort warm servieren.

400 g de viande hachée de boeuf et d'agneau (peut être aussi de bœuf seulement)
2 tomates
2 courgettes
1 poivron
2 branches de céleri
2 oignons
1 gousse d'ail
persil
herbes de Provence
3 c. à soupe d'huile d'olive
1 c. à soupe de beurre
sel
poivre du moulin

Hachis provençal

Faire chauffer l'huile et le beurre (ensemble !) dans une poêle et cuire la viande hachée avec un peu d'herbes de Provence pilées.
Dans une autre poêle plus profonde faire dorer les oignons émincés dans de l'huile d'olive, ajouter l'ail haché, les tomates pelées, épépinées et concassées, les courgettes découpées en rondelles et les poivrons épépinés et taillés en lanières.
Quand les légumes sont cuits « al dente », ajouter la viande et mélanger.
Ajouter l'ail pressé et rectifier l'assaisonnement.
Parsemer de persil ciselé et servir aussitôt bien chaud.

Cassoulet nach Castelnaudary-Art

500 g weiße Bohnen
1 Karotte
1 Zwiebel
4 Nelken
2 Zwiebeln
2 Bund frische Kräuter (Petersilie, Thymian, Lorbeerblätter)
3 Knoblauchzehen
1 Tasse Gänseschmalz
3 geschälte und entkernte Tomaten
150 g Bruststpeck
100 g Bauchspeck vom Schwein
500 g Schweinerücken
500 g Lammschulter, ausgelöst
200 g Fleischwurst
1 Knoblauchwurst
2 eingemachte Entenschenkel („Canard Confit")

Cassoulet, eines der Lieblingsgerichte der Franzosen, ist nicht gerade ein Schlankmacher, schmeckt aber herrlich. Gerade die Mischung verschiedener Fleischsorten mit Würsten erlaubt eine große Flexibilität. Wer kein Lammfleisch mag, verwendet Schweinefleisch. Auch bei der Wahl der Würste kann frei entschieden werden.

Cassoulet gibt es auch mit »canard confit« (Entenfleisch, in eigenem Fett konserviert), oft als Fertiggericht in Dosen oder Gläsern. Schmeckt aber bei weitem nicht so abwechslungsreich wie das Cassoulet aus diesem Rezept (Castelnaudary ist ein südfranzösischer Ort, berühmt für seine Cassoulets).

Die weißen Bohnen 2 Stunden vor Beginn einweichen.
Den Speck, die Karotte, 1 Zwiebel (mit den Nelken gespickt), 2 ganze Knoblauchzehen, 1 Bund Kräuter und die eingeweichten Bohnen in einen tiefen Suppentopf geben, 1 EL Gänsefett (eventuell aus der Dose vom „Canard Confit") hinzufügen, leicht anbraten und das Ganze mit kaltem Wasser bedecken. Langsam bei kleiner Hitze 1 Stunde köcheln lassen. Vorsichtig salzen, denn der Bauchspeck ist in der Regel recht salzig.
Etwas Gänsefett in einer Pfanne erhitzen, darin den Schweinerücken und das Lammfleisch anbraten, salzen, kräftig pfeffern, aus der Pfanne nehmen und im Suppentopf mitkochen.
In der Pfanne, im selben Fett eine fein gehackte Zwiebel, den zweiten Bund Kräuter, 1 zerdrückte Knoblauchzehe, die fein geschnittenen Tomaten und die Fleischwurst ca. 1 Stunde bei kleiner Hitze zugedeckt schmoren lassen. Ab und zu etwas vom Saft aus dem Suppentopf hinzugeben.

Das gekochte Fleisch aus dem großen Topf herausnehmen und in Scheiben schneiden. In eine feuerfeste Schüssel oder eine große Reine einen Teil der Speckscheiben am Boden auslegen, dann nacheinander Bohnen, Fleisch, Entenfleisch, Lammfleisch, usw. schichten. Als letzte Schicht den Speck und die Speckschwarte, Fleisch- und Knoblauchwurst (beide ohne Haut). Mit etwas Kochsud übergießen.

Im vorgeheizten Backofen bei 150° C ca. 1 Stunde weiter garen. Nach dem Garvorgang das überschüssige Fett abschöpfen und heiß servieren.

Zum Cassoulet passt ein gutes, kräftiges Bier oder ein kräftiger, einfacher Wein, am besten aus dem Süden Frankreichs – und danach ein „Trou Normand" (Schnaps aus der Normandie).

Ein heimischer Schnaps tut es natürlich auch!

Cassoulet de Castelnaudary

500 g de haricots blancs
1 carotte
1 oignon
1 clou de girofle
2 oignons hachés
2 bouquets garnis (persil, thym, laurier)
3 gousses d'ail
1 pot de graisse d'oie
3 tomates pelées et épépinées
150 g lard de poitrine
100 g couennes
500 g échine de porc
500 g d'épaule d'agneau, désossée
200 g de saucisses de Toulouse
1 saucisson à l'ail
2 cuisses de canard confit

Faire tremper les haricots dans de l'eau froide 2 heures avant la préparation du cassoulet. Dans une grande casserole avec une cuillère de graisse d'oie, faire cuire le lard, la couenne, la carotte, l'oignon piqué des clous de girofle, 2 gousses d'ail, le bouquet garni et les haricots couverts d'eau; faire cuire à feu doux pendant 1 heure. Ajuster le sel seulement en cours de cuisson, car le lard est parfois très salé.
Dans une sauteuse, faire revenir à la graisse d'oie l'échine de porc et l'épaule d'agneau en salant et surtout poivrant généreusement. Puis sortir les viandes bien rissolées. Enlever les peaux des saucisses et des saucissons.
Dans la même casserole, ajouter l'oignon haché, un bouquet garni, 1 gousse d'ail écrasée, les tomates concassées, et la saucisse, faire cuire à feux doux et à couvert en mouillant d'un peu de jus de la marmite, environ une heure.
Retirer les viandes qui ont cuit avec les haricots, découper le saucisson et les viandes en tranches, de même pour la couenne.

Dans un grand plat en terre creux ou une marmite allant au four, disposer les couennes au fond, surmontées d'une couche de viandes et de sauce, de saucisse et saucisson, puis une couche de haricots, puis de viandes et de sauce, de saucisse et saucisson, puis de haricots; poser le confit sans l'excédent de sa graisse au dessus, ajouter une bonne cuillère à soupe de jus de cuisson, mettre au four préchauffé à 150° C pour environ 1 heure pour achever la cuisson.

Dégraisser avant de servir bien chaud.

Servir avec ce cassoulet une bière bien forte ou un petit vin corsé du midi. A la fin du repas, le « trou normand » est presque de rigueur.

1 Freilandhuhn
400 g Tomaten
2 Paprikaschoten
2 große Zwiebeln
2 Knoblauchzehen
200 g grüne Oliven ohne Kern
500 g Couscous mittelgrob
7 EL Olivenöl
Kräuter der Provence, frisch!

Huhn mit Couscous

Zwiebeln und Knoblauch schälen, klein schneiden. Die Paprikaschoten waschen, Kerne entfernen und in feine Streifen schneiden.
Die Haut von Huhn und alles Fett entfernen, das Fleisch sorgfältig waschen, in Stücke schneiden und in einer tiefen Bratpfanne in heißem Olivenöl braten.
In einem zweiten Topf die Zwiebeln in einem EL Olivenöl glasig anbraten, den Knoblauch und die Tomaten hinzufügen und dann zum Huhn geben, 30 Minuten langsam kochen lassen.
Nach 20 Minuten die Paprikastreifen mit den Oliven und den frischen Kräutern der Provence in den Topf geben.
Wenn nötig, mit Wasser aufgießen: für den Couscous braucht man viel Sauce!

„Klassische" Zubereitung des vorgekochten Couscous:
In einem großen Topf den Couscous mit lauwarmem Wasser übergießen und ca. 10 Minuten aufquellen lassen (siehe Verarbeitungshinweise auf der Packung).
Nach dem Aufquellen die Couscous-Körner mit einer Gabel (oder noch besser: mit den Fingern) lockern.
In ein Sieb geben und über Dampf ca. 10 - 15 Minuten garen. Danach etwas Butter untermischen, so bleibt er locker.

Das Huhn und das Gemüse mit dem Couscous (als Beilage) servieren.

Dieses Gericht hat starke Anlehnung an die nordafrikanische Küche, die in ganz Frankreich, besonders aber im Süden, geschätzt wird. Couscous (vorgekocht) finden Sie in jedem gut sortierten Lebensmittelladen, auf jeden Fall in den türkischen Geschäften.

Wer keinen Couscous findet, kann auch Basmati-Reis dazu kochen.

1 poulet fermier
400 g de tomates
2 poivrons
2 gros oignons
2 gousses d'ail
200 g olives vertes dénoyautées
500 g semoule à couscous (grains moyens)
7 c. à soupe d'huile d'olive
herbes de Provence, fraîches!

Au lieu de la semoule de couscous, vous pouvez aussi préparer du riz basmati.

Poulet au couscous

Peler et émincer les oignons et les gousses d'ail. Laver et épépiner les poivrons puis les couper en fines lanières.
Enlever la peau et toute graisse du poulet, laver la viande consciencieusement, la découper en gros morceaux. Dans une poêle faire dorer doucement les morceaux de poulet dans 2 c. à soupe d'huile d'olive.
Dans une cocotte faire blondir les oignons dans 1 c. à soupe d'huile, ajouter l'ail et les tomates, puis les morceaux de poulet et laisser cuire 30 minutes. Après 20 minutes de cuisson ajouter les lanières de poivrons, les olives et les herbes de Provence.
Si nécessaire ne pas hésiter à ajouter un peu d'eau, car le couscous accepte volontiers beaucoup de sauce.

Préparation « classique » du couscous précuit :
Chauffer un peu d'eau, mettre le couscous dans une saladière et verser l'eau chaude sur la semoule. Laisser gonfler environ 10 minutes (consulter les instructions sur l'emballage du couscous). Détacher ensuite les grains à l'aide d'une fourchette (ou mieux: avec les doigts). Mettre les grains dans une passoire (ou un couscoussier), et faire cuire à la vapeur pour environ 10 à 15 minutes.
Etaler le couscous dans un grand plat, ajouter des flocons de beurre et, de nouveau, bien détacher les grains.

Servir le poulet et les légumes accompagnés du couscous.

Huhn à la Languedoc

1 Freilandhuhn (ungefähr 1 kg)
5 Tomaten
4 Zucchini
4 Zwiebeln
50 g grüne Oliven
1 Glas Weißwein
2 EL Nussöl
frischer Thymian
4 Lorbeerblätter
Salz
Pfeffer

Das Huhn gut waschen, in 4 Teile schneiden, die Haut und die Fettteile entfernen.
Das Nussöl in einem Topf erhitzen, die Hühnerteile darin von allen Seiten anbraten. Hitze reduzieren.
Die Tomaten schälen und vierteln. Die Zucchini waschen, in Scheiben schneiden.
Zwiebeln, Tomaten und Zucchini zum Huhn geben, mit dem Weißwein ablöschen, Thymian, Lorbeerblätter, Salz und Pfeffer dazu geben. Zudecken und 40 Minuten bei mittlerer Hitze schmoren lassen. Eventuell mit Weißwein nachgießen.
Die Oliven in einen mit kaltem Wasser gefüllten kleinen Topf geben und ein paar Minuten kochen lassen, um deren Salzgehalt zu reduzieren. Abtropfen und zum Huhn geben.

Vor dem Servieren Thymian und Lorbeerblätter herausnehmen.

Poulet manière « Languedoc »

1 poulet fermier (d'environ 1 kg)
5 tomates
4 courgettes
4 oignons
50 g d'olives vertes
1 verre de vin blanc
2 c. à soupe huile d'arachides
thym frais
4 feuilles de laurier
sel
poivre

Bien laver le poulet, le couper en quatre morceaux, en enlever la peau et les parties graisseuses.
Faire ensuite chauffer l'huile dans une cocotte.
Y mettre les morceaux de poulet à dorer de tous les côtés. Réduire le feu.
Peler les tomates et les couper en quartiers, les courgettes en rondelles.
Ajouter au poulet les oignons, les quartiers de tomates, les courgettes, le vin blanc, le thym, le laurier, un peu de sel et de poivre. Couvrir et laisser mijoter 40 minutes. Si nécessaire mouiller avec du vin blanc.
Pendant ce temps, plonger les olives dans une petite casserole remplie d'eau froide. Porter à ébullition quelques minutes. Egoutter et mettre dans la cocotte avec le poulet.

Avant de servir sortir le thym et le laurier.

Huhn in Bier-Sauce

1 Hähnchen (ca. 1200 g)
60 g Butter
125 g geräucherter Bauchspeck
1 Zwiebel
1 TL Tomatenmark
0,5 l helles Bier
1 kleine Dose Champignons
100 g Sahne
1 Eigelb
gehackte Petersilie
Salz
Cayennepfeffer

Das Hähnchen waschen, abtrocknen, in 4 Stücke teilen. Die Butter in einem Bratentopf erhitzen, Hähnchenteile darin ringsum goldbraun anbraten, herausnehmen und in eine vorgewärmte Schüssel legen. Den Bauchspeck in Würfel schneiden, die Zwiebel schälen, würfeln, mit dem Tomatenmark im Bratentopf kurz dünsten. Zuerst die Schenkel dazu geben und 10 Minuten schmoren, danach die restlichen Teile hinzufügen und in 40 Minuten garkochen. Die Sauce immer wieder umrühren und nach und nach das Bier zugießen. Hähnchenteile aus dem Sud nehmen, zur Seite stellen.
Die Champignons abtropfen und in den Sud geben.
Die Sahne mit dem Eigelb verquirlen, in den Sud einrühren, kurz erhitzen, nicht kochen.
Mit Salz und etwas Pfeffer abschmecken.
Die Hähnchenteile auf eine vorgewärmte Platte legen, Champignons und Sauce dazugeben, gehackte Petersilie dekorativ darüberstreuen.

Coq à la bière

1 poulet de 1200 g environ
60 g de beurre
125 g de lard fumé
1 oignon
1 c. à café de concentré de tomate
0,5 litre de bière blonde
1 petite boite de champignons de Paris
100 g de crème liquide
1 jaune d'œuf
persil haché
sel
poivre de Cayenne

Laver le poulet, l'essuyer, le sécher et le couper en quatre. Chauffer le beurre, faire dorer les morceaux de poulet dans une marmite. Couper le lard en dés, le mettre dans la marmite. Y ajouter l'oignon et le concentré de tomate.
Poser d'abord les cuisses dans la sauce und laisser cuire pendant 10 minutes. Ajouter ensuite les autres parties du poulet et terminer la cuisson (40 minutes).
Remuer la sauce de temps en temps et mouiller continuellement avec la bière.
Une fois bien cuits, retirer les morceaux de viande et réserver au chaud.
Egoutter les champignons et les mettre dans la sauce. Mélanger la crème avec le jaune d'œuf et les ajouter à la sauce (ne pas laisser cuire!).
Assaisonner avec le sel et le poivre. Disposer les morceaux de poulet sur un plat de service. Ajouter les légumes, décorer avec le persil.

0,5 l Geflügelfond
0,5 l Wasser
1,2 kg Kalbsschulter
3 Karotten
1 Stengel Staudensellerie
2 Zwiebeln, 1 Knoblauchzehe
Salz, gemahlener Pfeffer

Für die Sauce:

30 g Butter, 30 g Mehl
0,5 l fertige Kalbfleischbrühe
2 EL Zitronensaft
1/8 l Weißwein
1 Becher Crème fraîche
1 Eigelb
150 g gekochte Garnelen

***Legieren:** Eigelb mit etwas heißer Sauce anrühren, auf die gleiche Temperatur bringen, in die Sauce geben.*

Kalbsfrikassée

Geflügelfond und Wasser in einen Topf geben, aufkochen. Die Kalbsschulter waschen, trockentupfen, dazugeben. Die Karotten schälen, in Scheiben schneiden, Staudensellerie putzen, würfeln, Zwiebeln schälen, fein hacken, hinzufügen. Knoblauchzehe schälen und ganz hinzugeben. Salzen, pfeffern. Im geschlossenen Topf 60 -70 Minuten bei kleiner Hitze gar kochen. Fleisch und Gemüse herausnehmen, Fleisch abkühlen lassen und würfeln. Brühe bei großer Hitze bis auf die Hälfte reduzieren.

Sauce: Die Butter in einem Topf erhitzen, das Mehl einrühren, hellgelb anbraten, mit der reduzierten Brühe ablöschen, mit dem Zitronensaft abschmecken, den Weißwein und die Crème fraîche unterrühren. Mit dem Eigelb die Sauce legieren. Die Fleischwürfel und die Garnelen hinzufügen und bei kleiner Hitze erwärmen.

0,5 litre de fond de volaille
0,5 litre d'eau
1,2 kg d'épaule de veau
3 carottes
1 branche de céleri
2 oignons, 1 gousse d'ail
sel, poivre du moulin

Pour la sauce:

30 g de beurre, 30 g de farine
0,5 litre de bouillon de veau
2 c. à soupe de jus de citron
1/8 l de vin blanc
1 coupe de crème fraîche
1 jaune d'œuf
150 g d'écrevisses précuites

***Dressage :** Verser dans du bouillon chaud le jaune d'œuf, laisser chauffer à température égale et ajouter à la sauce.*

Blanquette de veau

Verser le fond de volaille dans une marmite, ajouter l'eau et faire cuire jusqu'à ébullition. Laver l'épaule de veau, la sécher et la mettre dans le bouillon. Eplucher les carottes, les couper en rondelles, laver le céleri, le couper en petits morceaux, éplucher l'ail et laisser les gousses entières.
Eplucher et hacher les oignons, ajouter le tout au bouillon. Saler, poivrer. Faire cuire pendant 60 à 70 minutes à petit feu. Sortir la viande et les légumes, et découper la viande en dés après qu'elle ait refroidi. Réduire ensuite la soupe de moitié.

Pour la sauce : Faire chauffer le beurre dans une casserole, ajouter la farine et laisser dorer. Verser le bouillon de veau prêt et ajouter le jus de citron, le vin blanc et la crème fraîche. Mélanger.
Dresser la sauce avec le jaune d'œuf.
A la fin, mettre la viande et les écrevisses dans le bouillon et réchauffer à petit feu.

Kalbsschulter mit Nizza-Oliven

1 kg Kalbsschulter
3 Tomaten
2 Zwiebeln
2 Knoblauchzehen
60 g Nizza-Oliven
4 EL Olivenöl
20 cl Weißwein
1 Bund frische Kräuter (Petersilie, Thymian, Lorbeerblatt)
5 Stengel Petersilie zusätzlich
Salz, schwarzer Pfeffer aus der Mühle

Das Fleisch auslösen und in größere Stücke schneiden.
Die Hälfte des Olivenöls in einer Pfanne erhitzen und darin das Fleisch anbraten.
Die Zwiebeln schälen, in Ringe schneiden, die Tomaten häuten, entkernen und vierteln. In einem Kochtopf den Rest Olivenöl erhitzen, Zwiebeln und Tomaten anbraten. Den Knoblauch und die Kräuter grob hacken und dazu geben.
Das angebratene Fleisch und den Fleischsaft dazu mischen, leicht erhitzen und mit dem Weißwein ablöschen. Salzen, pfeffern, zudecken und 45 Minuten köcheln lassen.
5 Minuten vor Ende der Garzeit die Oliven in den Topf geben und in der Sauce ziehen lassen.
Beim Servieren den Rest Petersilie überstreuen.

Zu diesem Gericht passt grüner Salat mit frischen Kräutern.

Wenn Sie keine Nizza-Oliven finden, verwenden Sie griechische »Kalamata«-Oliven, die Sie bei fast allen griechischen und/oder türkischen Gemüse- und Obstläden kaufen können.

Mitonée de veau aux olives de Nice

1 kg d'épaule de veau
3 tomates
2 oignons
2 gousses d'ail
60 g d'olives niçoises
4 c. à soupe huile d'olive
20 cl de vin blanc
1 bouquet garni (persil, thym, laurier)
5 brins de persil en plus
sel, poivre noir du moulin

Désosser l'épaule de veau et couper la viande en gros cubes.
Faire chauffer dans une grande poêle la moitié de l'huile d'olive et y faire dorer la viande.
Par ailleurs chauffer le reste d'huile dans une cocotte et y faire revenir l'oignon émincé, les tomates pelées, épépinées et coupées en quartiers.
Ajouter l'ail haché et le bouquet garni. Mélanger.
Ajouter la viande et le jus qu'elle a rendu, faire chauffer. Mouiller avec le vin blanc. Saler, poivrer, couvrir et faire mijoter 45 minutes.
Ajouter les olives 5 minutes avant la fin de la cuisson. Laisser les olives répandre leur goût dans la sauce.
Servir le veau et sa garniture parsemés de persil ciselé.

Ce repas s'accompagne très bien d'une salade verte aux herbes fraîches.

Kaninchen mit Backpflaumen

1,5 - 2 kg Kaninchen
250 g kleine, eingelegte Zwiebeln
250 g Backpflaumen
100 g Bauchspeck
40 g Butter
1 TL Mehl
Salz, Pfeffer

Marinade:

1 l trockener Rotwein
4 EL Cognac
2 Karotten
2 Zwiebeln
1 Lorbeerblatt
Thymian, Rosmarin
Pfefferkörner

Das Kaninchen in Stücke teilen, in die Marinade einlegen und 1 Tag in den Kühlschrank stellen. Die Backpflaumen mindestens 3 Stunden vor dem Verarbeiten in lauwarmen Wasser einweichen.

Die Kaninchenteile abtropfen lassen. Den Speck würfeln und in einem Bratentopf mit der Butter anbraten. Den Speck herausnehmen, die Kaninchenteile einlegen und gut anbraten. Mit Mehl bestäuben, salzen, pfeffern und mit etwas Marinade löschen.
Die Marinade durch ein Sieb gießen und zugeben, bis das Fleisch fast bedeckt ist. Den Topf schließen. Bei schwacher Hitze 50 Minuten schmoren lassen. Gebratene Speckwürfel, kleine Zwiebeln und die Backpflaumen (vorher abtropfen lassen) zufügen, nochmals 30 Minuten im geschlossenen Topf weiterschmoren.

Auf einer vorgewärmten Platte mit Bratäpfeln und Dampfkartoffeln anrichten und servieren.

Lapin aux pruneaux

1 lapin d'environ 1,5 à 2 kg
250 g de petits oignons en saumure
250 g de pruneaux
100 g de couenne
40 g de beurre
1 c. à soupe de farine
sel, poivre

Marinade:

1 litre de vin rouge
4 c à soupe de Cognac
2 carottes, 2 oignons
1 feuille de laurier
thym, romarin
poivre en grains

Découper le lapin en morceaux, poser ceux-ci dans la marinade et laisser mariner 1 journée dans le réfrigérateur. Tremper les pruneaux dans suffisamment d'eau tiède au moins 3 heures avant la préparation du repas.

Retirer le lapin de la marinade, égoutter. Couper le lard en petits dés, les faire dorer dans un peu de beurre, dans une grande marmite. Enlever le lard, et faire bien dorer les morceaux de lapin dans la même sauce. Saupoudrer d'un peu de farine, saler, poivrer et mouiller d'un peu de marinade.
Passer la marinade et la verser sur la viande jusqu'à ce qu'elle soit bien couverte de liquide. Fermer la marmite et laisser mijoter 50 minutes à feu moyen. Ouvrir après la marmite et ajouter les dés de lard dorés, les petits oignons et les pruneaux détrempés. Laisser cuire à la même température encore 30 minutes à marmite couverte.

Servir dans un grand plat réchauffé avec des pommes cuites ou des pommes de terre cuites à la vapeur.

Putenschnitzel in Roquefortsauce

150 g Roquefort
0,5 l Sahne
1 EL Cognac oder guter Weinbrand
grob gemahlener Pfeffer
1 Zitrone (unbehandelt)
20 g Butter
2 EL Semmelbrösel
1/4 TL gerebelter Thymian
geriebene Zitronenschale (unbehandelt)
4 Putenschnitzel à 180 g
20 g Butter

Den Käse zerbröseln, mit der Sahne in einen Topf geben und bei milder Hitze cremig einkochen, ab und zu umrühren. Mit Cognac oder Weinbrand ablöschen und mit Pfeffer würzen. Sauce zur Seite warm stellen.
Die Zitrone heiß waschen, die Schale abreiben, den Saft auspressen. Die Butter in einer Pfanne leicht schmelzen, mit etwas Zitronensaft verrühren und auskühlen lassen.
Die Semmelbrösel in eine Schüssel geben, Thymian und die geriebene Zitronenschale dazu mischen.
Die Putenschnitzel klopfen, zuerst in der Zitronen-Buttersauce, dann in den Semmelbröseln wenden.
Schnitzel auf jeder Seite etwa 3 Minuten in heißer Butter braten.
Schnitzel auf einer vorgewärmten Platte anrichten, mit etwas Roquefort-Sauce übergießen.
Die restliche Sauce dazu servieren.

Escalopes de dinde au roquefort

150 g de Roquefort
0,5 litre de crème
1 c. à soupe de Cognac
poivre du moulin
1 citron (non traité)
20 g de beurre
2 c. à soupe de chapelure
1/4 c. à café de thym sec moulu
zeste de citron (non traité)
4 escalopes de dinde de 180 g chacune
20 g de beurre

Ecraser le fromage en petits morceaux, mettre ceux-ci avec la crème dans une casserole et les faire cuire à petit feu, de sorte que la masse devienne crémeuse. Remuer de temps à autre. Verser le cognac et poivrer à volonté. Réserver au chaud.
Laver le citron à l'eau chaude, en râper la peau, et le presser. Faire fondre le beurre dans une poêle, diluer avec le jus de citron.
Mettre la chapelure dans une assiette, saler, ajouter le thym moulu et le zeste de citron râpé.
Saler un peu les escalopes de dinde, puis les baigner dans le mélange beurre/citron, ensuite les rouler dans la chapelure. Les faire dorer dans la poêle environ 3 minutes dans du beurre chauffé.
Servir les escalopes sur un plat préchauffé, arroser de sauce au Roquefort, et présenter le reste du jus dans une saucière.

800 g Rindfleisch aus der Schulter
50 g Speck
2 EL Butter
1 EL Nußöl
3 Zwiebeln
3 Nelken
3 Lorbeerblätter
6 Gläser Rotwein
Petersilie
1 Stückchen Orangenschale (unbehandelt)
2 Zweige Thymian
Paprika süß
Salz
Pfeffer aus der Mühle

Rinderbraten Burgunderart

Das Öl und die Butter zusammen in einem Topf erhitzen und das klein geschnittene Fleisch von allen Seiten anbraten.
Den Speck klein schneiden, die Zwiebeln jeweils mit einer Nelke spicken, den Thymian, die Lorbeerblätter und die Petersilie in den Topf geben.
Den Rotwein separat erhitzen und über das Fleisch und die Kräuter mit den Zwiebeln gießen. Mit Salz, Pfeffer und Paprika nach Belieben abschmecken.
Zum Schluß noch die Orangenschale in den Topf geben, zudecken und ungefähr eine Stunde bei mittlerer Hitze schmoren lassen, bis das Fleisch weich ist.
Mit Petersilie bestreuen, servieren.

Zum Rinderbraten passen alle Beilagen aus Kartoffeln, aber auch Reis und Nudeln.

---

800 g de viande de bœuf
50 g de lardons
2 c. à soupe de beurre
1 c. à soupe d'huile d'arachides
3 oignons
3 clous de girofle
3 feuilles de laurier
6 verres de vin rouge
persil
1 zeste d'orange (non traité)
2 brins de thym
paprika doux
sel
poivre du moulin

Boeuf bourguignon

Faire chauffer le beurre et l'huile dans une cocotte et y faire dorer la viande coupée en morceaux, sur chaque face.
Couper les lardons en petits dés, piquer les oignons d'un clou de girofle, et mettre le tout dans la marmite, avec le thym, le laurier et 2 brins de persil.
Faire bouillir le vin rouge séparément et le verser chaud sur la viande, les oignons et les herbes.
Assaisonner avec le sel, le poivre et le paprika.
Ajouter le zeste d'orange et fermer la cocotte.
Laissez mijoter 1 heure à feu moyen, jusqu'à ce que la viande devienne tendre.
Servir le bœuf bourguignon décoré du reste de persil haché.

Comme accompagnement vous pouvez servir toute sorte de préparation de pommes de terre, de riz ou de nouilles.

Rindersteaks „Avignon"

1 EL Butter
600 g vollreife Fleischtomaten
2 Knoblauchzehen
Salz
grober schwarzer Pfeffer
1 Prise Zucker
2 EL Crème fraîche
3 EL Olivenöl
4 Entrecôtes (à 150 g)
80 g geriebener Emmentaler
1 EL grüne Pfefferkörner

Die Butter in einer Pfanne erhitzen. Tomaten enthäuten, entkernen, würfeln, Knoblauchzehen abziehen, zerdrücken, hinzufügen und in Butter dünsten.
Mit Salz, Pfeffer und Zucker pikant abschmecken, unter Rühren dick einkochen. Die Crème fraîche unterziehen, warm halten, nicht mehr kochen.
Das Öl in einer Pfanne erhitzen, Fleisch darin von beiden Seiten 3 Minuten anbraten. Mit Salz und Pfeffer würzen, in Alufolie einpacken und 5 Minuten ruhen lassen.
Danach die Steaks aus der Folie nehmen, in eine flache, gefettete Auflaufform oder auf ein Backblech legen und mit der Tomatenmasse bestreichen. Den Emmentaler darüber streuen.
Im vorgeheizten Backofen bei starker Oberhitze kurz überbacken, bis der Käse geschmolzen ist.
Die grünen Pfefferkörner darüber streuen und warm servieren.

Entrecôte « Avignon »

1 c. à soupe de beurre
600 g de tomates mûres
2 gousses d'ail
sel
poivre noir du moulin
1 pincée de sucre
2 c. à soupe de crème fraîche
3 c. à soupe d'huile d'olive
4 entrecôtes de viande charolaise (à 150 g)
80 g de fromage Emmental
1 c. à soupe de grains de poivre vert

Faire fondre le beurre dans une poêle. Ajouter les tomates pelées et épépinées, coupées en petits morceaux. Eplucher les gousses d'ail, les écraser et les faire légèrement dorer avec les tomates. Assaisonner avec le sel, le poivre et le sucre, réduire le mélange. Ajouter la crème fraîche, bien mélanger et réserver.
Chauffer l'huile dans une poêle, faire dorer la viande 3 minutes. Assaisonner avec le sel et le poivre, envelopper de feuilles d'aluminium et laisser reposer 5 minutes.
Retirer ensuite la viande des feuilles d'alu, la poser dans un plat à gratin et badigeonner avec la sauce tomate.
Saupoudrer de fromage. Mettre au four et gratiner très court à feu vif. Le fromage doit fondre.
Compléter avec les grains de poivre vert et servir chaud.

1 kg Schweinefilet
Salz
Pfeffer
4 Scheiben Toastbrot
8 EL Milch
80 g Butter
3 Knoblauchzehen
1 Zwiebel
Frischkäse
Butter für die Form
1/8 l Weißwein
1 Bund frische Kräuter (Petersilie, Thymian, Rosmarin)

Schweinefilet Provenzal

Den Backofen auf 220° C vorheizen. Das Filet in Scheiben schneiden, salzen und pfeffern. Das Toastbrot in Milch einweichen, ausdrücken, mit Butter und Kräutern im Mixer pürieren. Knoblauch und Zwiebel fein hacken, mit dem Frischkäse zum Toastbrot geben, gut vermengen.
Eine feuerfeste Form ausfetten, die Filetscheiben nebeneinander hineinlegen. Die Kräutermischung darauf verteilen. Weißwein darübergießen und im Ofen ca. 40 Minuten bei 180° C garen.

Dazu schmecken Dampfkartoffeln.

1 kg de filet de porc
sel
poivre
4 tranches de pain à griller
8 c. à soupe de lait
80 g de beurre
3 gousses d'ail
1 oignon
fromage frais
du beurre pour le moule allant au four
1/8 litre de vin blanc
herbes fines (persil, thym, romarin)

Rôti de porc à la provençale

Préchauffer le four à 220° C. Couper le morceau de filet en tranches, saler, poivrer. Tremper les tranches de pain dans le lait, les éponger et les réduire en purée dans un mixeur avec du beurre, des herbes fines. Hacher finement l'ail et les oignons, les mélanger à la purée de pain et au fromage frais. Beurrer un moule allant au four, y poser les tranches de filet, badigeonner de mélange d'herbes fines, de pain et de fromage et enfourner pour 40 minutes à 180° C.

Servir en accompagnement des pommes de terre cuites à la vapeur.

1/4 l Wasser
50 g Butter
1 Prise Salz
150 g Mehl
5 Eier
200 g magerer gekochter Schinken
50 g frisch geriebener Parmesan
weißer Pfeffer aus der Mühle
geriebene Muskatnuss

Schinkenbeignets

Das Wasser, die Butter, das Salz und das Mehl in einen Topf geben, aufkochen. Dann bei schwacher Hitze rühren, bis sich der Teig vom Topfboden löst, vom Herd nehmen. Die Eier unter Rühren sofort nacheinander hinzufügen.
Den Schinken in kleine Würfel schneiden, geriebenen Parmesan zum Teig geben, alles gründlich mit dem Teig verrühren. Mit Pfeffer und Muskatnuss würzen.
Öl zum Ausbacken in einer Fritteuse oder einem Eisentopf auf 175° C erhitzen.
Mit zwei feuchten Löffeln aus dem Teig kleine Klößchen abstechen, nach und nach im heißen Fett goldbraun ausbacken.
Auf Haushaltstüchern gut abtropfen lassen, lauwarm oder kalt servieren.

1/4 de litre d'eau
50 g de beurre
1 prise de sel
150 g de farine
5 œufs
200 g de jambon cuit maigre
50 g de parmesan râpé
poivre blanc du moulin
muscade moulue

Beignets au jambon

Préparer une pâte avec l'eau, le beurre et la farine en les mélangeant bien. Mettre dans une marmite et laisser cuire à petit feu. Réduire le feu et bien remuer jusqu'à obtention d'une boule qui se détache bien du fond du récipient, enlever du feu. Ajouter les œufs tout en remuant l'ensemble.
Couper le jambon en dés et l'ajouter avec le parmesan à la pâte, bien mélanger. Assaisonner avec le poivre et la muscade.
Chauffer à 175° C de l'huile dans une friteuse ou une casserole profonde. Former à l'aide de deux cuillères, que vous tremperez chaque fois dans de l'eau froide, de petits beignets en forme de boulettes découpées dans la pâte et les faire frire jusqu'à ce qu'elles soient bien dorées.
Laisser égoutter sur une serviette propre.
Servir les beignets tièdes ou froids.

Auberginen mit Parmesan

1 kg Auberginen
1 kg Fleischtomaten
1 Zwiebel
1 Zehe Knoblauch
1 Päckchen Parmesan
Salz
Pfeffer

Die Auberginen schälen und in feine Scheiben schneiden, salzen und zum Abtropfen in ein Sieb legen. Die Tomaten schälen und entkernen, in kleine Stücke schneiden.
Die Zwiebel fein schneiden und in Olivenöl glasig anbraten. Tomaten, Salz und Pfeffer dazu geben und bei schwacher Hitze ca. 30 Minuten ziehen lassen. Die Auberginenscheiben abtrocknen, mit Mehl bestäuben, und in heißem Öl 2 - 3 Minuten frittieren. Danach die Auberginen etwas abtropfen lassen und schichtweise in eine Reine legen. Die erste Schicht mit Tomaten abdecken, darauf eine Schicht Parmesan, dann eine neue Schicht Auberginen darüber legen und erneut mit Tomaten und Parmesan belegen, usw.
Die Reine in den auf 200° C vorgeheizten Backofen stellen, ca. 30 Minuten garen lassen.
Sie können zusätzlich frisch geriebenen Parmesan über die Portion im Teller streuen.

Wie man Tomaten leicht schält:
In einem kleinen Topf etwas Wasser zum Kochen bringen, die Tomaten in das Wasser eintauchen, kurz darauf wieder herausnehmen und mit kaltem Wasser abschrecken. Die Haut läßt sich leicht entfernen.

Aubergines au parmesan

1 kg d'aubergines
1 kg de tomates
1 oignon
1 gousse d'ail
1 sachet de parmesan
sel
poivre

Peler les aubergines, les couper en fines tranches, les saler et les mettre à égoutter dans une passoire. Les épépiner et les couper en petits morceaux. Peler et épépiner tomates, les couper en petits morceaux. Faire dorer l'oignon haché finement dans un peu d'huile d'olive, ajouter les tomates, saler, poivrer et laisser cuire à petit feu 30 minutes environ. Essuyer les tranches d'aubergines sur du papier absorbant, les saupoudrer de farine et les plonger ensuite dans une friture pendant 2 ou 3 minutes. Les retirer et les égoutter.
Les poser dans un plat allant au four en disposant un rang d'aubergines couvert de coulis de tomates et saupoudré de fromage, puis un nouveau rang couvert de coulis de tomates et saupoudré de fromage, etc. Mettre le plat ainsi composé au four pour une demi-heure environ à 200° C.
Servir chaud. Vous pouvez affiner avec du parmesan râpé frais sur la portion servie.

Comment perler facilement des tomates :
Mettre les tomates brièvement dans de l'eau bouillante, les retirer et verser sur elles de l'eau froide: elles se laissent alors facilement peler.

Auberginen-„Kaviar"

3 Auberginen
3 Knoblauchzehen
Saft einer halbe Zitrone
4 Zitronenviertel
4 - 6 EL Olivenöl
6 Scheiben Brot
Salz
Pfeffer

Den Backofen auf 210° C vorheizen. Die Auberginen waschen, abtrocknen, auf ein Backblech legen und ca. 20 Minuten im Ofen backen. Sie sind fertig, wenn die Spitze eines Gemüsemessers leicht durch die Haut geht.
Die Auberginen auskühlen lassen, der Länge nach in zwei Hälften teilen. Das Auberginenfleisch mit einem Löffel herausschälen.
Das Auberginenfleisch zerdrücken, mit dem fein zerriebenen Knoblauch in eine Schüssel geben. Langsam das Olivenöl einrühren. Mit einem Holzlöffel gut durchmischen.

Zum Schluß Zitronensaft, Salz und Pfeffer einrühren. Mit den getoasteten Brotscheiben und den Zitronenvierteln servieren.

Damit der „Kaviar"-Charakter erhalten bleibt, dürfen die Auberginenstückchen nicht in einem Mixer püriert werden!

Caviar d'aubergines

3 aubergines
3 gousses d'ail
le jus d'un demi-citron
4 quarts de citron
4 - 6 c. à soupe d'huile d'olive
6 tranches de pain de mie
sel
poivre

Préchauffer le four à 210° C. Essuyer les aubergines sans les éplucher. Les poser sur la plaque du four et les laisser cuire 20 minutes environ; vérifier la cuisson: on doit pouvoir facilement enfoncer une pointe de couteau dans la chair. Laisser les aubergines refroidir, les couper en deux dans le sens de la longueur. Retirer la pulpe à la cuillère. Écraser à la fourchette.
Mettre la chair des aubergines dans un petit saladier, ajouter l'ail pressé; incorporer peu à peu d'huile d'olive en tournant bien avec une cuillère en bois.

Ajouter le jus de citron, le sel et le poivre. Servir avec les tranches de pain grillées et des rondelles de citron.

Pour bien préserver l'apparence de « caviar », il ne faut surtout pas passer les morceaux d'aubergines au mixeur!

Gefülltes Gemüse provenzalisch

6 - 8 kleine Zucchini oder 4 große (der Länge nach halbieren)
2 große Gemüsezwiebeln
8 große, runde Fleischtomaten

Eventuell dazu:

1 rote Paprikaschote

Füllung:

2 kleine Zwiebeln
800 g Rinderhackfleisch
2 Eier
50 g Käse (Emmentaler oder Gruyère) gerieben
1 Scheibe Toastbrot
Salz
Pfeffer

Wenn Sie den provenzalischen Geschmack betonen möchten, würzen Sie die Fülle mit einer Mischung aus Knoblauch, Kräutern der Provence und Petersilie.

Vorbereitung des Gemüses:
Die Zucchini schälen, mit einem kleinen Löffel aushöhlen, den Inhalt beiseite legen. Die Hälften in eine ausgefettete Backreine legen.
Die Tomaten am „Kopf" abschneiden, und aushöhlen. Salzen und auf den Kopf stellen, damit sie überschüssiges Wasser abgeben. Danach wieder richtig aufstellen und in die Backreine zu den Zucchini legen.
Die großen Gemüse-Zwiebeln aushöhlen und den Inhalt beiseite legen. Mit der Paprikaschote gleich verfahren.
Alles Gemüse muss roh in die Reine gestellt werden.

Zubereitung der Füllung:
Die kleinen Zwiebeln fein schneiden und in etwas Olivenöl goldfarben anbraten. Das Hackfleisch dazu geben und unter Rühren anbraten. Die Inhalte vom ausgehöhlten Gemüse, möglichst ohne Kerne, zum Fleisch geben, alles gut durchmischen. Mit Salz und Pfeffer abschmecken.
Die Brotscheiben in der Milch einweichen, danach gut auspressen und in das Fleisch unterrühren. Das Ganze so lange kochen, bis das Fleisch etwas zarter geworden ist. Die Füllmasse vom Herd nehmen und die Eier und den Käse untermischen.
Nun das ausgehöhlte Gemüse mit dem Hackfleisch, mit Hilfe eines kleinen Löffels, füllen. Mit Semmelbröseln überstreuen, etwas Olivenöl auf das Gemüse geben und in den Backofen geben und bei 200° C ca. 1 Stunde garen lassen.

Geben Sie vorsichtshalber ein feuerfestes Glas mit lauwarmem Wasser mit auf die Reine, um die Feuchtigkeit im Ofen zu regulieren.

6 à 8 petites courgettes ou 4 grosses (à couper en 2)
2 gros oignons blancs
8 tomates rondes

Facultatif :
1 poivron rouge

Farce :
2 petits oignons
800 g de viande hachée de bœuf
2 œufs
50 g de fromage de Gruyère râpé
1 tranche de pain de mie
sel
poivre

Si vous voulez accentuer le caractère provençal de ce met, préparez un mélange d'ail, de persil et d'herbes de Provence que vous ajouterez à la farce.

Farci provençal

Préparation des légumes:
Peler les courgettes, les creuser avec une petite cuillère, les placer dans un plat allant au four, préserver la chair retirée des courgettes.
Enlever la partie supérieure des tomates (« le chapeau »), les épépiner, les saler et leur faire rendre l'eau en les plaçant à l'envers. Ensuite les redresser, la « tête coupée » vers le haut et les placer dans la plaque à four avec les courgettes.
Creuser les grands oignons et les mettre avec les autres légumes, y ajouter le poivron vidé de ses grains, mais entier.

Tous les légumes sont placés crus dans le plat allant au four.

Préparation de la farce :
Faire dorer les oignons préalablement hachés, y ajouter la viande hachée. Lorsque celle-ci est bien dorée, ajouter les chairs réservées des légumes vidés, si possible sans leurs graines. Bien mélanger le tout. Saler, poivrer.
Faire tremper le pain dans un bol de lait. Lorsqu'il est mou, le presser, le hacher et le mélanger à la viande.
Faire cuire jusqu'à ce que la viande soit tendre, puis hors du feu, ajouter 2 œufs entiers, le fromage râpé, mélanger comme il faut.
Remplir les légumes de cette farce à l'aide d'une petite cuillère.
Saupoudrer de panure, ajouter un peu d'huile d'olive sur chaque légume, et mettre au four préchauffé à 200° C. Laisser cuire pendant 1 heure environ.

Poser un verre d'eau dans le plat (pour régler l'humidité pendant la cuisson)

Ratatouille provenzalisch

4 große Zwiebeln
4 große Paprikaschoten, rot oder grün, oder gemischt
1 kg Auberginen
1 kg Zucchini
1 kg reife Fleischtomaten
2 oder 3 Knoblauchzehen
1 Lorbeerblatt
Salz
Pfeffer
Olivenöl (kalt gepresst)

Die Zwiebeln schälen, in Ringe schneiden und in einer Pfanne mit etwas Olivenöl glasig braten. Aus der Pfanne nehmen, abtropfen und in einen großen Kochtopf geben.
Paprikaschoten, Zucchini waschen, in Streifen schneiden und in derselben Pfanne ebenfalls in etwas Olivenöl leicht anbraten und zu den Zwiebeln mischen.
Die Tomaten schälen, entkernen und in gröbere Stücke schneiden. In der selben Pfanne so lange kochen, bis deren Saft leicht reduziert ist. Geben Sie sie auch in den Kochtopf mit dem anderen Gemüse. Die Auberginen und die Zucchini schälen, Knoblauch schälen, in Scheiben schneiden und in der Pfanne ebenfalls kurz anbraten. Danach auch in den Topf geben. Den Knoblauch klein hacken und mit dem Lorbeerblatt zum Gemüse im Topf hinzufügen. Mit Salz und Pfeffer würzen und das Ganze bei kleiner Hitze ca. 1 Stunde lang köcheln lassen.

Kontrollieren Sie unbedingt den Kochvorgang und geben Sie noch etwas Wasser dazu falls nötig.

Ratatouille provençale

4 gros oignons
4 gros poivrons rouges ou verts (ou mélangés)
1 kg d'aubergines
1 kg de courgettes
1 kg de tomates rouges et mûres
2 ou 3 gousses d'ail
1 feuille de laurier
sel
poivre
Huile d'olive vierge

Dans une poêle faire dorer, mais pas trop, les oignons émincés dans un peu d'huile d'olive. Les égoutter ensuite et les mettre dans une grande marmite.
Dans la même poêle faire revenir les poivrons bien lavés et coupés en lamelles. Lorsqu'ils sont dorés, les retirer et les mettre avec les oignons dans la marmite.
Peler les tomates, enlever les graines, les couper en tranches un peu épaisses et les faire cuire jusqu'à une certaine réduction de leur jus.
Ajouter les tomates aux autres légumes.
Peler les aubergines et les courgettes, les couper en morceaux, les faire dorer séparément dans la poêle avec de l'huile d'olive et les mettre également dans la marmite. Couper l'ail en petits morceaux, le mettre avec la feuille de laurier dans la marmite et laisser mijoter le tout à petit feu pendant environ une heure.

Contrôler absolument la cuisson dans la marmite de temps en temps et ajouter un peu d'eau si nécessaire.

2 kg Fleischtomaten
Knoblauch nach Belieben
Petersilie
Salz
Pfeffer

Tomaten provenzalisch

Die Tomaten in zwei Teile schneiden, die sichtbaren Kerne vorsichtig entfernen.
Eine feuerfeste Form mit Butter ausfetten, die halben Tomaten, mit der geschlossenen Seite nach unten, aneinander schichten. Die Tomaten mit Salz und Pfeffer würzen und mit Olivenöl beträufeln. Danach in den auf 200° C vorgeheizten Backofen stellen, die Temperatur auf 100° C reduzieren und ca. 30 Minuten garen lassen.
Die Tomaten aus dem Ofen nehmen, Knoblauch und Petersilie, beide fein geschnitten, darüberstreuen und erneut in den Backofen, für weitere 10 Minuten bei gleicher Temperatur geben.

2 kg de tomates fraîches, de préférence mûres, rondes et grosses
ail selon le goût
persil
sel
poivre

Tomates provençales

Couper les tomates en deux, en ôter les graines, les placer la partie plate vers le haut dans un plat préhuilé allant au four. Saler, poivrer et arroser légèrement d'huile d'olive.
Mettre au four (préchauffé à 200° C), réduire la température à 100° C et laisser cuire ensuite pendant une demi-heure.
Sortir les tomates du four, parsemer par dessus d'ail et de persil hachés et remettre au four pour environ 10 minutes à la même température.

Erdbeeren in Rotwein

500 g Erdbeeren
0,25 l trockener Rotwein
1 Prise gemahlene Nelken
1 Prise Zimt gemahlen
35 g Butter
150 g Zucker
150 ml Sahne

Nehmen Sie nur erstklassigen Rotwein. Zu empfehlen sind (echte!) Beaujolais- oder Bourgogne-Weine.

Wenn es nicht zu teuer sein soll, tun es auch gute Weine aus Südfrankreich (Côtes de Provence, Languedoc-Roussillon oder Costières de Nîmes).

Die Erdbeeren waschen, halbieren oder vierteln, in eine Schüssel geben. Den Rotwein darüber gießen, eine Stunde durchziehen lassen, dann den Rotwein abgießen, in einem Topf erhitzen und um 2/3 reduzieren.
Die Butter in einem Topf erhitzen, den Zucker dazu geben und unter Rühren schmelzen und goldbraun karamelisieren. Vom Herd nehmen, unter Rühren etwas abkühlen lassen. Die Sahne nach und nach hinzugeben.
Den Rotwein langsam hinzu gießen, den Topf auf den Herd stellen und die Sauce rühren, bis sie ganz cremig geworden ist.
Die Erdbeeren mit der heißen Sauce übergießen und servieren.

Fraises au vin rouge

500 g de fraises
0,25 litre de vin rouge sec
1 pincée de clou de girofle moulus
1 pincée de cannelle moulue
35 g de beurre
150 g de sucre
150 ml de crème liquide

N'utilisez qu'un bon vin. Choisissez par exemple un bon Beaujolais ou un vin de Bourgogne.

Les vins du Sud (Côtes de Provence, Côteaux du Languedoc ou Costières de Nîmes)) s'y prêtent aussi parfaitement, à un coup très raisonnable.

Laver les fraises, les couper en deux ou en quatre, les mettre dans un récipient. Verser le vin rouge sur les fraises et laisser macérer 1 heure. Reverser ensuite le vin dans une casserole et le chauffer jusqu'à réduction de 2/3.
Chauffer le beurre dans une poêle, ajouter le sucre et le laisser fondre et caraméliser en remuant.
Enlever du feu et laisser refroidir un peu. Verser la crème peu à peu tout en remuant, puis ajouter le vin encore chaud.
Réchauffer le tout, de sorte que la sauce devienne crémeuse. Verser la sauce sur les fraises.

Mini-Savarins mit Rum

60 g Zucker
3 Eier
1 EL Milch
125 g Mehl
1 Pk. Backpulver
1 Msp. Salz
6 Förmchen, ca. 10 cm Durchmesser
Butter

Läuterzucker:
250 g Zucker in 1/4 l Wasser auflösen, ca. 1 Minute kochen,
1/8 l Rum dazu gießen und kurz aufkochen.
Die Savarins auf eine Servierplatte stürzen, oben mit Schlagsahne und beliebiger, kandierter Frucht verzieren.

Zucker und Eigelb in einer Schüssel so lange rühren, bis die Masse hell wird. Milch zugießen, das Mehl mit dem Backpulver darüber sieben und unterheben. In einer großen Schüssel das Eiweiß mit einer Prise Salz zu steifem Schnee schlagen und vorsichtig unter den Teig heben.
Die Förmchen ausbuttern, mit dem Teig zu 2/3 füllen. Im vorgeheizten Backofen bei 210° C, 15 Minuten backen.
Die Savarins nach dem Backen auf einen Teller stürzen und wieder in die Förmchen zurückgeben. Die Savarins sofort mit dem heißen Läuterzucker (siehe links im Kasten) beträufeln. Den Vorgang wiederholen, bis sie gut durchtränkt sind.

Mini-savarins au rhum

60 g de sucre
3 œufs
1 c. à soupe de lait
125 g de farine
1 sachet de levure boulangère
1 pincée de sel
6 petits moules, d'environ 10 cm de diamètre
beurre

Préparation du jus de trempage :
Faire fondre 250 g de sucre dans un 1/4 de litre d'eau, chauffer une minute, ajouter 1/8 de litre de rhum et chauffer de nouveau.
Renverser les savarins sur un plat et décorer avec de la crème Chantilly et des fruits confits.

Mélanger le sucre et les jaunes d'œufs jusqu'à ce que la masse devienne claire, y verser le lait, ajouter la farine et la levure et mélanger de nouveau. Battre les blancs d'œufs avec un peu de sucre en neige et les incorporer à la pâte.
Beurrer les moules et les remplir aux 2/3. Chauffer le four à 210° et introduire les moules. Laisser cuire 15 minutes.
Renverser les savarins sur un plat et les remettre à l'envers dans les moules. Verser sur eux le jus de trempage (voir texte à gauche dans encadré), recommencer cette opération jusqu'à ce qu'ils soient bien trempés avec le jus.

100 g feine, dunkle Schokolade
75 g weiche Butter
3 Eigelb
4 Eiweiß
1 EL Puderzucker
1 Prise Salz

Eiweiß und Eigelb sorgfältig trennen, sonst wird der Schnee nicht steif.

Mousse au chocolat

Die Schokolade brechen und in einen kleinen Topf geben. Im Wasserbad schmelzen lassen. Butter mit einem Holzlöffel unter die heiße Schokolade rühren, abkühlen lassen.
Eigelb nach und nach unter die Schokolade mischen.
Eiweiß mit einer Prise Salz zu Schnee schlagen, wenn der Schnee fast steif ist, den Puderzucker dazugeben und weiterschlagen, bis der Schnee glänzt.
Portionsweise unter die abgekühlte Schokolade heben. Sofort in eine Schüssel füllen und in den Kühlschrank stellen.

Mit Kleingebäck servieren.

---

100 g de chocolat noir fin
75 g de beurre mou
3 jaunes d'œufs
4 blancs d'œufs
1 c. à soupe de sucre en poudre
1 pincée de sel

Séparer exactement les jaunes des blancs d'œufs, sinon la « neige » n'aura pas la consistance nécessaire.

Mousse au chocolat

Casser les tableaux de chocolat et les poser dans une casserole. Les faire fondre au bain-marie. Ajouter le beurre ramolli et bien l'incorporer dans la masse chaude du chocolat. Laisser refroidir.
Mélanger peu à peu les jaunes d'œufs au chocolat.
Battre les blancs d'œufs avec une pincée de sel en neige. Quand celle-ci est bien solide, ajouter le sucre et battre de nouveau jusqu'à ce que la neige devienne brillante.
Mélanger portion par portion au chocolat refroidi, puis verser la mousse tout de suite dans un récipient pour la mettre au réfrigérateur.

Servir avec des petits gâteaux.

Schwimmende Inseln

Englische Creme:
0,5 l Milch
4 EL Zucker
1 Vanilleschote
5 Eigelb
1 Prise Salz

Schneebälle:
5 Eiweiß
2 EL Zucker
1 Prise Salz

Karamel:
3 EL Zucker mit 2 EL Wasser aufkochen. Wenn der Zucker Farbe annimmt, mit Zitronensaft beträufeln.

Die Schneebälle sind fertig, wenn sie bei Fingerdruck leichten Widerstand zeigen.

Creme: Milch, Zucker, Vanilleschote (aufschlitzen) und 1 Prise Salz zum Kochen bringen. Den Topf vom Herd nehmen, die Vanilleschote rausnehmen, Eigelb nach und nach unter ständigem Rühren untermischen. Den Topf wieder auf den Herd stellen und bei schwacher Hitze weiterrühren, bis die Creme dickflüssig wird, in eine Schüssel füllen und auskühlen lassen.
Die Creme darf auf keinen Fall kochen.

Schneebälle: Eiweiß und Salz zu Schnee schlagen, den Zucker während des Schlagens zugeben. In einem weiten Topf Wasser erhitzen, nicht kochen, mit einem EL aus dem Eischnee Bällchen abstechen und ins heiße Wasser geben, nicht zuviele auf einmal. Nach ca. 2 Minuten wenden und nochmal ca. 2 Minuten ziehen lassen. Die Schneebälle aus dem Wasser nehmen und auf ein Sieb legen.
Die abgetropften Schneebälle auf die erkaltete Creme legen und mit Karamel beträufeln.

Œufs à la neige

Crème anglaise :
0,5 litre de lait
4 c. à soupe de sucre
1 gousse de vanille
5 jaunes d'œufs, sel

« Boules de neige » :
5 blancs d'œufs
2 c. à soupe de sucre, sel

Caramel :
Faire bouillir 3 c. à soupe de sucre dans 2 c. à soupe d'eau. Une fois que le sucre prend de la couleur, arroser de jus de citron.

Les boules de neige sont prêtes, quand elles résistent un peu à la pression des doigts.

Préparation de la crème : Faire bouillir le lait avec le sucre, la gousse de vanille (ouverte) et 1 pincée de sel. Retirer du feu, sortir la gousse de vanille. Mélanger à ce liquide peu à peu les jaunes d'œufs tout en remuant. Remettre sur le feu et continuer à remuer à température réduite, jusqu'à ce que la crème devienne bien consistante. Verser dans une saladière et laisser refroidir. La crème ne doit jamais véritablement cuire!

« Boules de neige » : Battre les blancs d'œufs avec le sel en neige, ajouter le sucre en continuant de battre la masse. Chauffer de l'eau dans une casserole, sans laisser bouillir, prélever à l'aide d'une c. à soupe de petites boules et les laisser glisser dans l'eau chaude. Ne pas en mettre trop. Après 2 minutes environ, retourner les boules et les laisser encore 2 minutes dans l'eau. Les sortir après et les égoutter dans une passoire. Poser les boules dans la crème refroidie et verser le caramel dessus.

Alphabetisches Verzeichnis der Rezepte

Index alphabétique des recettes

www.ingramcontent.com/pod-product-compliance
Ingram Content Group UK Ltd.
Pitfield, Milton Keynes, MK11 3LW, UK
UKHW041930190726
13854UKWH00004B/1539

9 791090 102026